珍藏本
纪念版

汉译世界学术名著丛书

哲学的改造

〔美〕杜威 著

许崇清 译

2017年·北京

John Dewey

RECONSTRUCTION IN PHILOSOPHY

New York, 1920

汉译世界学术名著丛书
（120 年纪念版 · 珍藏本）
出 版 说 明

2017 年 2 月 11 日，商务印书馆迎来 120 岁的生日。120 年前，商务印书馆前贤怀揣文化救国的理想，抱持“昌明教育，开启民智”的使命，立足本土，放眼寰宇，以出版为津梁，沟通中西，为中国、为世界提供最富智慧的思想文化成果。无论世事白云苍狗，潮流左右激荡，甚至战火硝烟弥漫，始终践行学术报国之志，无改初心。

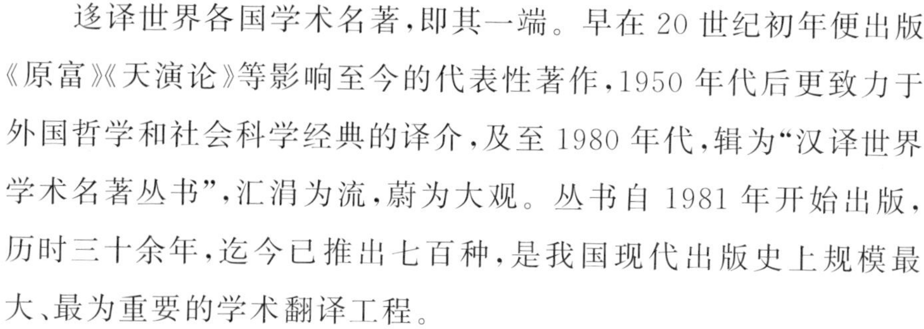

迻译世界各国学术名著，即其一端。早在 20 世纪初年便出版《原富》《天演论》等影响至今的代表性著作，1950 年代后更致力于外国哲学和社会科学经典的译介，及至 1980 年代，辑为“汉译世界学术名著丛书”，汇涓为流，蔚为大观。丛书自 1981 年开始出版，历时三十余年，迄今已推出七百种，是我国现代出版史上规模最大、最为重要的学术翻译工程。

丛书所选之书，立场观点不囿于一派，学科领域不限于一门，皆为文明开启以来，各时代、各国家、各民族的思想与文化精粹，代表着人类已经到达过的精神境界。丛书系统译介世界学术经典，引领时代思想，为本土原创学术的发展提供丰富的文化滋养，为推动中国现代学术和现代化进程做出了突出的贡献。

为纪念商务印书馆成立120周年，我们整体推出“汉译世界学术名著丛书”120年纪念版的珍藏本，寄望既利于文化积累，又便于研读查考，同时向长期支持丛书出版的译者、编者和读者致以敬意。

两甲子后的今天，商务印书馆又站在了一个新的历史时间节点上。我们不仅要铭记先辈的身影和足迹，更须让我们的步伐充满新的时代精神。这是商务人代代相传的事业，更是与国家和民族的命运始终紧密相连的事业。我们责无旁贷，必须做好我们这代人的传承与创造，让我们的努力和成果不仅凝聚成民族文化的记忆，还能成为后来人可以接续的事业。唯此，才能不负前贤，无愧来者。

商务印书馆编辑部

2017年10月

目　次

第一章　哲学的在变化中的概念…………………………… 1

第二章　哲学改造中的几个历史因素 …………………… 17

第三章　哲学改造中的科学因素 ………………………… 32

第四章　关于经验和理性的已变的概念 ………………… 46

第五章　理想与现实的已变的意义 ……………………… 62

第六章　论理改造的意义 ………………………………… 80

第七章　道德观念中的改造 ……………………………… 97

第八章　影响社会哲学的改造………………………… 113

第一章 哲学的在变化中的概念

人与下等动物不同，因为人保存着他的过去经验。过去所经历的事还能再现于记忆，而现在所遇到的事，周围都有许多与既往相类事件的思想。至于动物，所有经验都是随起随灭的，各个新的动作或感受都是孤立的。唯独人类自有一个世界，其中所有事件都充满着既往事件的许多反响、许多回忆，其中事事均能引动其他事物的回想。是以人类与山野间的兽类不同，他不仅生活在一个物的世界，而且生活在一个符号和象征的世界。一块石，不只是人撞上去觉得硬的东西，而且是他的先人的一个纪念碑。一朵火，不独是个能燃烧而温暖的东西，而且是家庭悠久生活的一个象征，游子久别归来所向往的欢乐、营养和庇护的永久的泉源的一个标志。人与炎炎烈火相触，必致受伤，但在炉灶中他却不加畏避，反而向它崇拜，并且为它而战斗。举凡表识人性与兽性有别、文化与单纯物性相异的这些事体，都是由于人有记性，保存着而且记录着他的经验。

然而记忆的复现却与实际不同。我们自然记得有趣的事物并且我们记得它也正因为它有趣。我们不是为过去而追念过去，却因为过去有所裨补于现在而怀想过去。是以记忆的本原与其说是知的、行的，毋宁说是情的。野蛮人想起昨日与野兽搏斗，不是为了要用科学的方法去研究动物的性质，也不是为了要筹划明天更好地作战，而是为了要再引动昨日的兴奋来排遣今日的寂寥。但记忆虽有战斗的兴奋，而无战斗的危险和忧惧。反复玩味它，即多添点与目前实际或过去均不相同的新意义给它。记忆是代替的经验，有实际经验的情绪的价值，而无实际经验的紧张、变动和麻烦。战胜的喜悦在祝胜的舞蹈里比在战胜当时还要强烈。当猎人在露营中围着篝火，相与追述描摹行猎的情形时，行猎的自觉的、真正合乎人情的经验才产生出来。在当时，注意为实际的情势和不安的紧张所牵制，到后来，各种情形才排成一段故事，融为一个有意义的整体。在实际经验时，人只是一刹那一刹那地生存着，所竭力应付的即于其刹那中所发生的事件。但当他在思想里检阅既往的一切刹那时，一场戏剧便井井有条地形现出来。

人将他的过去经验复现于眼前，为的是要对现在的空闲加点兴趣，以免寂寞，记忆的生活原就是一种幻想和想象的生活，而非精确的回忆的生活。充其量不过是一段故事、一场戏剧。只是那些于目前有情绪的价值，而对于目前那段故事，无论是在想象中自述，或对倾听者陈说，均有重大意义的事件，才被选取。那些不足以引起对于格斗的战栗，或于其成败无足轻重的，就被舍去。各种事件都安排到能够适合于那段故事的性质。古代的人，当他闲居无事，并不实际从事于生存竞争的时候，就是这样的生活在一个记忆的世界，即一个暗示的世界。暗示异于回想，在于不问其正确与否。其正确与否是比较不重要的事。一朵云有时暗示一匹骆驼，有时暗示一个人的面孔。这些暗示，若非曾经见过实际的真正的骆驼和面孔，就不会产生。但实际是否相似却没有什么关系。根本要点是在追踪那旋生旋灭的骆驼或面孔的形迹时那种情绪的兴趣。

人类原始时代史的研究者记述许多动物故事、神话和祭典所起的巨大作用。有时竟从这个史的事实中造出一种神秘来，好像是表示原始人的心理与现代人的心理不同的样子。但我想这却不难说明。在农业和较高的工业技术尚未发展起来以前，除了为求食或为免除敌害以谋安全的较为短期的劳苦外，空闲的期间是很长的。我们本着我们自己的习惯，往往以为人总是忙着有事做，就是没有事做，至少也想着什么事，或计划着什么事。但那时的人只是在行猎、打鱼或远征时才忙一阵。而当其是在醒着的时候，他的心就要有所寄托，不能因为他的身闲着，他的心也就真正地空着。那么，除了关于野兽的经验，以及在戏剧兴味的影响下使行猎所特有的种种事件成为更有条理和更生动的经验以外，还有什么想念会闯进他的心里呢？人既在他的想象里将他的现实生活中有趣的部分戏剧化了，野兽本身必然也跟着戏剧化。

它们是登台的正角色，因此带有人的特征。它们也有各种欲望、希望、恐惧，有爱情，有好恶，有胜败。而且它们既是维持社会生活所必需的主要分子，它们的活动和痛苦，在把过去生动地复活起来的想象中，自然就使它们成为人们的社会生活的真正参与者。虽然它们被猎，它们毕竟是让人将它们捉去的，也就成了人们的朋友和同盟者。它们的确是竭力效劳于它们所属共同生活体的安宁幸福。于是便产生出不止是关于动物的活动和性情的许多故事传说，而且还产生出以动物做祖先、英雄、种族的标志和神鬼的许多仪节祭典。

我希望诸君不致以为我所讲的离哲学的起源问题太远。因为我想哲学的历史的起源非这样地，或更加深远、更加详细地考察下去，不能理解。我们要晓得通常人独居无偶时的通常意识不是知的考察、研究，或思辨的产物，而是欲望的产物。人本受动于希望、恐惧和爱憎。只在他服从一种违离人性的训练，或从自然人的见地说，人为的训练时，才不如此。我们的书籍，科学的、哲学的书籍，自然是受过优异的知识训练和修养的人所著述。他们的思想已由习惯而自然合于理性，他们以事实限制想象，他们组织观念是论理的，而非情绪的、戏剧的。即当他们游心于虚幻梦想的这样的时候，大概比我们通常所知道的还要多——他们也晓得他们在做什么。他们分开这些幻想，断不致将它们的结果和客观的经验相混。我们好以己度人，并往往因为科学的、哲学的书籍是心中有了合理的、论理的和客观的习惯的人所著述，便以为同一合理性业已由他们赋予普通人，却不知合理性和非合理性在未经训练的人性里是不相干的插话一样的东西。一般人并非受制于思想，而是受制于记忆，而记忆又非实际事实的记忆，而是联想、暗示、戏剧的想象。发于心中的暗示的价值的测定标准不是事实的一致，而是情趣的相投。它们能引动和增进情感而适合于戏剧的故事么？它们是否洽于人们当时的心情，而能表达该共同生活体的传统的希望和忧患么？如果我们愿意放宽一些来使用“梦”这个字，我们就竟直可以说，人除了有时实际去劳动和斗争，都是生活于梦的世界，而非生活于事实的世界，这个梦的世界是以欲望为中心，而欲望的得失构成它的材料。

将古代人类的信仰、传说看作世界的科学的说明的尝试，看作只是错误和荒谬的尝试，就是犯大错误。哲学所从而最后出现的素质，本与科学和说明都无关系。它是譬喻的、忧患和希望的象征，由想象和暗示所造成，并没有理知所面临的客观事实的世界意义。它是诗，是戏剧，而不是科学。它超越科学的真理和谬误、事实的合理性和非合理性，是和诗一样的。

然而这个原始的素质，在它成为真正的哲学以前，至少还要经过两个阶段。一个是故事传说和附随着它们的戏剧化凝固的阶段。起初，经验的情绪化了的记录大多都是偶然的、暂时的。引动个人情绪的事件被抓住了，编作寓言，或演为哑戏。有些经验因为是常常反复遇到的，便以为是和整个集体都有关系，于是一般化了。个人所独建的冒险成为该种族的情绪生活的代表和模范。有些事件关系整个集体的悲欢、忧乐，于是受到特别重视。传说的一种结构由是成立了。故事成为社会的遗产，哑戏的动作成为定规的仪节。这样构成的传说再转而为个人的想象和暗示所遵循的规范。想象的一个永久的结构形成了。了解生活的一个共同方式长成了，个人由教育导入这个方式去。个人的记忆不知不觉地或由一定的社会要求，而同化于集体的记忆或传说，个人的想象融合于社会集体所特有的思想体系。诗歌有了一定的格律声韵。传奇成为社会的规范。演串人情上一桩重要经验的原始戏剧变为祭礼。先前是自由的那些暗示凝为种种教义。

这样的教义更由征服和政治的兼并促成并确立了其组织性和拘束力。当政权的领域扩大时，它就有一个明确的动机，来组织和统一那些曾是自由而浮动的种种信仰。除由交际的事实和互相理解的必要而发生的自然调节和同化外，还常常有政治的要求，引导统治者集中各种传说和信仰，以扩张和巩固它的威势和权力。犹太、希腊、罗马以及其他许多历史悠久的国家都记载着，为维持一个更广泛的社会统一和更广泛的政治权力，对于以前各种地方教仪和教义均曾不断加以改革。我在这里要和诸君一同假定：人类的更博大的天地开辟论和宇宙论，以及更宏远的道德的传统，就是这样发生的。实际是否如此，我们不必过问，更不必说明。为了我们的目的，只需认定，赋予想象以一般的特性，赋予行为以一般的准则的教义和教仪的确定和组织是在社会影响下发现的，这样的统一是一切哲学构成所必需的先决条件，就已够了。

这个信仰的观念和原理的组织和一般化虽是哲学的一个必要的前提，仍不是哲学的唯一充分的产生者，还欠缺一个对理论体系和智性证明的动机。这个动机我们可以假设是由下列要求供给的，即体现在传统的法典中的道德准则和理想对逐渐长进的实际、积极的知识的调和的要求所供给。因为人断不能完全做暗示和想象的生物。继续生存的要求必须要他们注意世界的现实的事实。环境对于观念的构成实际上所加的约束虽是很小——因为无论怎样荒谬的思想都有人相信——但全然置环境于不顾亦能立致灭亡，就在这种情况下环境要求观念有一定最低限度的正确性。有些东西可以充食品，这些东西在一定的地方可以寻获，水能淹人，火能燃烧，尖端能刺亦能割，重的东西若不支撑着就会下坠，昼夜的交替、寒暑的往来、晴雨的变动，都有一定的规律性，诸如此类的寻常事实就是原始人也要留意。其中有些是极明显而紧要的，几乎没有运用想象的余地。孔德曾说过，一切自然的性质和力量虽都可拟作神，但向未见有一野蛮民族是奉重量为神的。保存和留传人类观察所得关于自然事实及其因果关系的知识的一个常识的概括的体系逐渐成长起来。这些知识与工业技术和职业的关系尤为密切，因为这些活动的能否成功，完全系于材料和工作进程的观察是否正确。这些活动是连续的、规则的，只靠无常的魔术不能奏效。夸张的、想象的概念和现实的经验比起来，前者自然就被淘汰。

水手比织工迷信更深，因为他的活动多为急变和不可预料的突发事件所左右。然而水手纵使相信风是不可制驭的神意的表示，而对于风仍不能不熟习若干运使船、帆、橹的纯机械的原理。火可以看作超自然的龙，因为迅疾光怪而残暴的火焰常令人联想到敏捷而危险的巨蟒。然而用火来烹调食物的主妇仍不能不观察通风，拨火和木化成灰种种机械的事实。金工就热的作用的条件和结果积累的精确知识则更多。在举行特别仪式的场合，他也许会保守着传统的信念，但在平常日用则大抵摒绝这些观念。他日常用火的时候，只觉得这是因果的实际关系所支配的、千篇一律平淡无味的一种动作。技术和职业愈发达、愈精细，实证的和检验过的知识愈扩充，所观察的事件则愈复杂，而其范围也愈广。这种技术的知识产生科学所由发源的关于自然的常识。这种知识不但供给实际的事实，而且赋予运用材料和工具的技巧，如不泥守旧例，这种知识就能促进实验的习尚的发展。

和共同生活体的道德的习惯、感情的好尚和慰藉密切关联的架空的信念，久已与日益增长的实际知识并行。在可能的场合它们交错起来。在其他场合它们抵触不能相入，两者便各自分离如处别室。彼此既然隔绝，它们的抵触性无从发觉，也就没有调和的必要。这两种精神的产物，因为它们的所有者所属社会的阶级有别，往往是截然分开的。宗教的和富于诗意的信念，得到一定的社会的、政治的价值和功能，保持在和社会的支配者直接联系着的上层阶级手里。工人和工匠是平凡的实际知识的所有者，占着较低的社会地位。他们的这种知识为社会所轻蔑，因为社会藐视从事体力劳动的手工业者。如在希腊，虽有雅典人所修得的观察力的犀锐，推理力的超卓，以及思想的自由，但实验法的一般的和系统的应用却迟迟无甚进步，就是基于这个事实，这是无疑义的。企业中的工匠既然在社会阶级上仅高奴隶一等，因此他们的这种知识和他们所用的方法当然也就没有价值和权威了。

然而实际知识终于增长到那样多和那样广，以致与传统的和架空的各种信念，不但在细目上，而且在精神和品质上，也发生了冲突。怎样冲突和为什么冲突，这些琐絮问题不必深究，在西方被称为哲学的那种学问的发源地希腊的所谓诡辩论者的运动中发生的就是这种事情，这是毫无疑义的。诡辩论者因柏拉图和亚里士多德得了一个永远不能摆脱的恶名，这桩事实已足证明这两种信仰的争辩在诡辩论者确是要务，而这个争辩，对于宗教信仰的传统体系和行为道德的训典，又引起一个紊乱的结果。虽然苏格拉底明明是以诚意去谋两方的调和，但因他处置这个问题是本于实际的方法，注重它的法则和标准，遂被指为侮慢神明、毒害青年，而被判处死刑。

苏格拉底的厄运和诡辩论者的恶名可用以暗示传统的情绪化了的信念和平常的实际知识间所存的显著的对比。比较的目的则在于说明：所谓科学的优势在于后者，而社会的尊崇和权威的优势，以及与生活所由而得其奥义者相接近的优势，则在前者。在外形上，环境的特定而明确的知识只限于技术的和有限的范围。它与工艺关系甚大，而工艺者的目的和价值究竟还是很小。工艺不过是末技，差不多可以说是一种贱业。谁会把造靴的技术和治国的技术等同起来？谁会把医生医治身体的技术和牧师医治灵魂的技术等同起来？柏拉图在他的对话篇里常常这样描写这种对照。靴匠虽能判定靴的好坏，但穿靴是好是坏和什么时候好穿靴，这些比较更重大的问题他却不能判定。医生虽善于诊断健康，但是活着或死了是好是坏，他却不晓得。技术者关于一部分技术问题虽属内行，但关于真正重要的，如对于价值的道德问题，他却无法解决。所以技术者的知识本来就较低，要受一种启示人生极致和目的的较高的知识所支配，这样技术的和机械的知识才得安于其所。并且在柏拉图的著作里，我们也看见他用着适度的戏剧的笔致，在一些特定人物的冲突中，将传统和纯知的新要求的斗争描写得极其生动。保守论者对于用抽象的法则，用科学去教授战术非常惊异。人不独要战斗，而且要为祖国而战斗。抽象的科学不能传授爱和忠义，即从技术方面说，亦不能代替那些从忠于祖国的精神里体验出来的种种战斗方法。

学习战术的途径在于与已经学得防卫祖国的方法的人相处，吸取他的理想和习惯，简言之，即实际熟悉希腊人对于战斗的传统。比较敌国和本国的战术以寻出抽象的法则，即是投奔敌人的传统和神，也即是开始背叛祖国。

这样生动获得的见解足令我们领悟到实证的见解与传统的见解在接触时所引起的对立。后者不独在社会的习惯和节操里根深蒂固，而且包藏着人生所追求的各种道德目标和所遵守的各种道德规律。所以它和生活本身是一样地深奥、一样地广博，并且由于人们在实现其人性的社会生活的温然可亲的灿烂色彩而悸动。反之，实证的知识只是关系物理的功用，而欠缺由祖先的牺牲和时人的钦仰而神圣化了的教规的热烈联想。由于其性质有限而且具体，因而枯燥无味。

唯具有更锐敏、更活泼的精神的人，如柏拉图本人，当时已不复能与那些保守的市民苟相附和而甘于因袭旧式的信念。实证的知识和批判的研究精神日形长进，旧式的信念遂日就崩溃。在确实、精细和可以证明这几点，新知识都有长处。传统目的和范围方面虽属高尚，而其基础则甚薄弱。苏格拉底曾说过，不起疑惑的生活不是人所应有的生活，因为人是合理的存在者，是要疑惑的。从而人必须寻究事物的理由，断不能因习惯和政治的权威而只管承受。应该怎样办呢？发明一种研究和证明的方法，将传统信念的本质放在一个不可动摇的基础上，发明一种思考和知识的方法，纯化传统而无损于其道德的和社会的价值，进一步更由纯化而增强其势力和权威。简单地讲，就是使从来靠习惯维系下来的东西不复依靠过去的习惯，而以实在和宇宙的形而上学为基础，使它复兴。形而上学是代替习惯而为更高尚的道德的和社会的价值的泉源和保证——这就是柏拉图和亚里士多德所发展的欧洲的古典哲学的主题，这是一种在中世纪欧洲基督教哲学重行论述和更新的哲学。

如果我没有弄错，直至最近还支配着欧洲的系统的建设的哲学的任务和目的的全部传统，都可说是由这种情势发生的。如果

我所述哲学的起源出自调和两种绝异的精神的产物的尝试那一主要论点是正确的，那么，说明从来不属于相反的和异端的范围内的哲学的特质的关键，已在我们掌握中了。第一，哲学不是从公正不倚的源头发生，自始就定了它的任务。它有它所当完成的使命，并且事前已对这个使命发誓过。它必定要从受到胁逼的过去的传统信念里摘出道德的核心来。这样做是非常好的；这种功夫是批判性的，并且是为了唯一的真正的保守主义——即保存和不抛弃人类所已取得的价值的真正的保守精神。但它还要事先以合乎过去的信念的精神去提取道德的本质。与想象和社会的权威结合得太密，实无法动摇。在与既往的形式截然不同的形式里想念社会制度的内容是不可能的。哲学的任务是要在合理的基础上辩护所继承的信念和传统习惯的精神。

但这样产生的哲学，因为它的形式和方法太新，在一般雅典人都觉得它是过激，甚至视为危险。在删除附赘和摒弃被一般市民视为与根本信念同是一物的诸因素这一意义里，它是过激。但隔着历史的远景并对照着后来在各种社会环境里发展出来的各种思想的形态来看，就可以明白究竟柏拉图和亚里士多德对于希腊的传统和习惯的意义怎样深刻地考察过，所以他们的著述能和那些伟大的戏剧作家的著述一样至今仍是研究希腊人生活的中心理想和抱负的学者的好伴侣。没有希腊宗教、希腊艺术和希腊的国民生活，他们的哲学是不能成立的，而那些哲学者所夸耀的那种科学的效果却是皮相的、不足轻重的东西。哲学的这个辩护的精神，当十二世纪中世纪基督教欲谋自己的系统的合理表现而利用古典哲学，尤其是亚里士多德哲学，以诠证自己的义理时，更为显著。十九世纪初期德国的主要哲学体系，在黑格尔假借唯理的唯心论的名义以辩护当日为科学和民众政治的新精神所威胁的学说和制度时亦有同样的特征。结局就是那伟大的体系也不能超脱党派的精神，而掺杂着先入的信念。他们既然同时主张完全的知性独立和合理性，遂往往掺入一种不诚实的因素到哲学中去，而且在那些哲学的支持者方面这桩事情是出于无意的，其流毒尤甚。

从此就产生出哲学的第二个特质来。哲学既以辩护因情趣的契合和社会的尊崇而被接受的事物为目的，自然就重视理由和证明。但因它所处理的材料本来就欠缺内在的合理性，便不能不靠论理的形式做掩饰。在处理事实问题可以运用更简单、更粗略的论证方式，即将事实作成问题而指证其论点——这是一切论证的根本方式。但当不能靠习惯和社会的权威使人信受，更不能靠经验的证明论人，要想令人悦服地把教义奉为真理时，除了扩张思索和证明的严肃的外观，没有别的方法。于是，抽象的定义和超科学的议论从此出现，使许多人厌弃哲学，但对于其信奉者则仍为一种吸引力。

最坏的时候，是使哲学成为一种搬弄命辞的把戏、琐细的论理和广博周详的论证的徒具外表的各种形式的玩弄。最好的时候，也不过成为为体系而体系的一种爱著，以及对于正确性的一种自许。白特勒(Butler)大主教曾宣布过“盖然”是生活的指针，却绝少哲学者敢说哲学对于无论什么东西，凡是盖然的，都可以满足的。由传统和欲望所形成的习惯曾自称有究竟性和不变性，也曾自称能规定行为的确定不移的法则。在历史上哲学也早已自命能下同样的决定，后来这种腔调便常附在古典哲学里面。古典哲学力说他们比各种科学都更为科学——哲学是必需的，因为一切特殊科学都不能达到究极的完全的真理。像威廉·詹姆士（William James）那样，敢断定“哲学是一种视力”，哲学的主要功能是将人心从偏执和成见解脱出来并扩大他们对世界的见识的国教叛徒却极少。然而哲学大都是怀着更大野心的。如果率直地说，哲学不过只能提出假说，而且这些假说只有使人对于他的生活有更敏锐的感悟才有价值，这好像是连哲学本身也否认了。

第三，为欲望和想象所支配以及在集体的权威的影响下发展成权威的传统的各种信念的体系是普遍的、概括的。它布满在团体生活里面。它的压力是不息的，它的影响是无穷的。所以与它敌对的原理和反省的思维当然也要求同样的普遍性和概括性。它从形而上学来看，是普遍而久远，正如传统从社会来看一样。哲学既要达到圆满的体系和必然的正确性，又要达到这种普遍性，只有一个方法。

一切古典派哲学在两个存在的世界中间划了一个固定的和根本的区别。一个相当于普通传统的宗教的超自然的世界，而由形而上学描画成为至高终竟的实在的世界。因为集体生活的一切重要行为法则和真理的根源与认许，是出自优异的不可究诘的宗教的信念，于是哲学的绝对无上的实在亦对于经验的事实给以真理的唯一的保障，对于适当的社会制度和个人行为给以唯一合理的指针。与这个需经哲学的系统的修炼才能了悟的绝对的本体的实在相对峙的，是日常阅历的普通的、经验的、相对实在的现象的世界。人间的实际事务和实用都与这个世界相关联。事实的实证的科学所指的世界也是这个不完全而日就灭亡的世界。

我想这就是影响关系哲学性质的古代概念最深的一个特质。哲学妄自以为论证超越的、绝对的或更深奥的、实在的存在和启示这个究极的、至上的、实在的性质和特色为己任。所以它主张它有一个比实证的科学和日常实际经验所用的更为高尚的认识的官能，并主张这个官能独具优异的尊严和特殊的重要性。如果哲学是引导人到日常生活和特殊科学所启示的“实在”以外的“实在”(reality)的证明和直觉去的，那么这个主张是无可否认的。

自然，这个主张时时为许多哲学家所否认。但这些否认大都是属于不可知论的和怀疑论的。他们断定绝对的和究极的实在是超乎人智的，却没有勇气去否认这样的“实在”如果在人类智力范围以内，就是哲学认识的适当对象。关于哲学的真正任务的另一概念到了晚近方始发现。我这个讲演就是要把哲学的这个新概念和古代的概念的主要差别，略略提示出来。在这一点，这个古代的概念当然只能够概括而粗略地说及。在以前所述，哲学的起源是出自权威的传统的背景，而这种传统原是受制于在爱憎和感情的兴奋满足的影响下活动着的人的想象作用，那个说明里面，这个概念的意义已经包含在内。老实讲，关于以系统的方法去研究绝对的实在的哲学的起源的这个说明，似乎是出于恶意。我以为这个从发生(genetic)方面进逼的方法，对于推翻这种哲学理论，比其他任何论理的驳斥，都更有效。

如果这个讲演，能够将哲学不是发源于理知的材料而是发源于社会的情绪的材料这个思想，作为一个合理的假说，留在诸君心里，也就能够留给诸君对传统哲学的一个新态度。诸君就会从一个新的角度，用新的眼光，去看它们。关于它们的新问题就会发生。解决问题的新标准也会被提出来。

如果谁能够虚心去研究哲学史，不把它当作一个孤立的事物而把它当作文明和文化史的一章去研究，如果谁能够将哲学的故事和人类学、原始生活、宗教史、文学、社会制度的研究结合起来，那么谁就对于今天的讲话的价值必定能够下一个独立的判断。以这个方法去考察，哲学史就会加上一个新意义。从似是而非科学的见地失去的，可以再从人文的见地收回。撇开关于实在的性质的争论，可以看见关于社会的目的和抱负的人类的种种冲突。撇开企图超越经验的妄想，可以追寻人类为着他们怎样努力去整理最关切的经验以内的事物。我们毋需徒费非人格的纯冥想的努力，做一个远隔的旁观者，去悬揣绝对的物体本身的性质，我们已看到一批思虑深远的人们讨论人类生活的理想和人类理知的活动所应指向的目标的一幅图像。

对于过去的哲学存这种见解的人，必然对于将来的哲学的范围和目的也会得着一个十分明确的概念。他必定晓得哲学从来在不知不觉中干些什么，或隐蔽地干些什么，以后必须公开地、认真地探究。如果我们承认哲学，过去表面上是研究终极的实在，骨子里却想保存社会的传统中所包含的宝贵精粹，如果我们承认哲学是起于社会的目的的冲突和世袭的制度与同时代的不两立的倾向的斗争，那么我们可以明白将来的哲学的任务则在于阐明人们关于他们自己时代的社会的和道德的斗争的诸见解。它的目的是要成为尽人力所能及以处置这些斗争的一个机关。当它缔构在形而上的尊荣地位时，或许是荒谬而非实在的，但当它与社会的信念和社会的理想的斗争结合起来，意义就非常重大。哲学如能舍弃关于终极的绝对的实在的研究的无聊的独占，将在推动人类的道德力的启发中，和人类想获得更为条理、更为明哲的幸福所抱热望的助成中，取得补偿。

第二章　哲学改造中的几个历史因素

伊丽莎白时代的培根是现代生活精神的伟大先驱。他的成就虽甚小，但就作为新倾向的一个预言者来说，乃是世界知识生活中的一个杰出人物。和许多别的预言者一样，他也免不掉新旧的混淆。他的最重大的成就到后来已多少知道一些了。但他以为是已经摆脱了的属于过去的事物，却依然充满在他的著作里。碍于这两种容易被人轻视的原因，培根几乎得不到他所应得的现代思想的真的建设者的盛名，反为了那不属于他的功劳受人称颂，如被认为科学所用的归纳法的各种特殊方式的发见者。使培根不朽的只是从一个新世界吹来的和风，扬着他的船帆，激起他冒险往新海上去。他始终没有发见他所期望的福地，但他宣布了他的新目标并且从信仰上已远远望见这个目标的特相了。

他的思想的主要特点是将当时引起知识改造的一种新精神的要点启示在我们眼前。这些特点并可以表明产生这个新精神的社会的和历史的力量。培根的最有名的警句是“知识即力量”。从这个实用的标准看来，他看不起当时的知识，认为是非知识、伪知识和冒充的知识。因为它不生力量，是无所事事的、不动的。在他的最渊博的论著里，他将当时的学问分作三类：雅致的、空想的和辩难的。他所谓雅致的学问，包括了因古代文学和语言的复兴，而在文艺复兴期的知识生活里占极重要地位的文学。培根的品评在当时是很有力量的，因为他自己是这个文学研究所要播布的一切雅丽精巧和古典学的一个名家。在大体上，他已经预料到后来的教育改革者对于片面的文学修养所施的攻击。这种学问是不生力量的，只是浮文，虚饰，装潢，奢侈。所谓空想的学问，他的意思是指十六世纪盛行于欧洲的巫术的科学——炼金术、占星术等狂妄的发达。他所攻击最厉害的是这个，因为好东西的损坏是害中最大的。雅致的学问是无用的、空虚的，但是空想的学问假冒着真知识的外观。它掌握着知识的真原理和目的——自然力的支配。但它忽视了获得这种知识所必需的条件和方法，因此故意引人走入迷路。

对于我们达到目的最为重要的是他就辩难的学问所讲的话，因为所谓辩难的学问是指从古代经烦琐哲学的牵强附会而传下来的传统的科学。所以叫做辩难的，是由于它所采用的论理的方法和所设定的目的。在某一意义上讲，它的目的在于寻求力量，不过这个力量是为了某阶级某宗派或某个人的利益而支配其他人类的力量，并非为了全人类的共同利益而支配自然力的力量。培根认为从古代传下来的学者的好辩和自炫的气质，自然不是出自希腊科学本身，而是得自十四世纪烦琐哲学的传统，在那时候哲学已落在好辩的神学者手里，这些神学者都是专用琐细的驳议和遁词诡辩以制胜的。

但培根对于亚里士多德的方法本身也施以攻击。在与人辩白时，使用严厉的方式；在劝导人时，他用温和的方式。但辩白和劝导两者均指望于克服人，而非克服自然。并且两者均假定有人已得到一种真理，或抱着一种信念，而其唯一的问题则在于说服他人，或开导他人。反之，他的新方法认为现存知识的分量是极不足道的，它的兴趣只在于那尚待造诣的真理的范围和意义。它是发见的论理，而不是辩论、证明和劝导的论理。在培根看来，旧论理充其量不过是教授既知事物的论理，而所谓教授亦不过是传习、操练而已。只有已知的，才能够学到；知识的长进不外乎把理性的普遍真理和所已知的各自分离的感性的特殊真理集合起来。这是亚里士多德的一个公理。但无论怎样，学习就是知识的长进，而长进则属于转变、迁化，因此在既知事物的推理的自己旋转的运用——论证——上比不上知识的占有。

与这个见解相反，培根锋利地声明新事实和新真理的发见较旧论证为优越。可以走向发见的只有一条路，就是彻底探究自然的秘密。科学的原理和法则并不显露在自然表面，它们隐匿着，必须用一种能动的和苦心的探究技术从自然夺取过来。古人叫做经验的许多观察的被动的累积和论理的推理都不足以掌握它们。主动的实验必须将自然的种种表面事实逼进一些与他们平日所表现的形式全然相异的形式里面去，使它们把自己的真相全盘托出，好像刑讯可以迫胁一个不情愿的见证人吐露出他所隐秘的事情一样。作为达到真理的方法的纯粹推理与从自己身上抽丝制网的蜘蛛没有什么分别，所制的网虽是整齐而巧妙，但不过是一种罟获陷阱。被动的积累经验——传统的经验的方法——像蚂蚁一样，终日东奔西走，所忙的不过是贮蓄和搜集原料。培根所介绍的真方法可以譬诸蜜蜂的工作，它像蚂蚁一样，从外界搜采原料，但在它改变所得原料的形质而摄取它的珍宝方面却与蚂蚁不同。

培根既然把征服自然与征服人心相对照，并且认为发见法比证明法还高，同时认为进步的意义是纯正知识的目的和验证。依他的批评说来，古代的论理，即使在亚里士多德的方式里，也难免陷入毫无生气的保守主义。因为人心既习于以真理为已知，依靠前代的知识成就，无须批判研究就承认它。不但是中世纪，就是文艺复兴时期也往往将古代看作知识的黄金时代，前者信赖圣典，后者信赖世俗文献。这个态度纵不能完全归罪于古代论理，但培根觉得，并且合理地觉得，无论什么论理，凡是把知识的方法看成是既得的真理的论证的，都是在挫抑研究精神，缚束人心使它不能越出传统的学问范围。

这样的论理的显著特点不免对已知的(或以为是已知的)东西下定义，并且遵照已经公认的正统法则把它加以系统化。发见的论理乃是着眼在将来。它认为所接受的真理是要用新经验去检验，而不要奉为教条，必须信受的东西。它的主要兴趣，即使在经过最小心的检验而获得的知识里面，也注重它对更深入的研究和发见的效用。既知的真理的主要价值在于帮助未知的真理的发见。培根自己对于归纳法的性质的评价虽有许多缺点，但他的炯眼看出科学的意义在于对未知界的进军，而不在于对既知事物的论理的反复叙述，这一点足以使他成为归纳法之父。对于未知的事实和原理的无限的、不断的发见——这就是归纳法的真精神。知识的不断的进步是保证既得的知识，不至堕落为独断的教条或迷信和老妇常谈的唯一途径。

日新的进步，在培根看来，是真正的论理学的证验，也是它的目的。培根常追究旧论理的事业和功绩在哪里？它对于人生的罪恶矫除了些什么，它补救了些什么偏弊，改善了些什么境遇？足以证实所得确是真理的有什么发明？除了在法庭内、在外交上和在行政中人与人相制胜以外，却一无成绩。我们寻找利用自然力以造福人类的事业和功绩，必须从人所称美的科学转向人所鄙视的技艺去。但技艺的进步却是间歇的、无定的、偶然的。研究的真论理和真技术可以在工艺、农业和医术上获得连续的累增的和系统的进步。

如果我们更进而考察学者所苟且遵循和鹦鹉似地学舌的现成知识的体系，我们就晓得它包括两个部分。一部分是由我们的祖先传下的谬误，而用古代论理组织成的伪科学。这样的“真理”实际不过是我们的祖先的系统化了的谬见和偏见。他们当中有许多是偶然发生的，有许多是基于阶级的利益和偏执，因为这个道理，当权者才保留它——这一个见解后来引起洛克对生得观念说的驳击。还有一部分是出自人类的本能的性向，如不以意识的和批判的论理控制着就会发生一种危险的偏执。

人的心意自发地认为现象间的单纯性、一样性和统一性，比实际存在的更大。因而产生肤浅的类推和急就的结论，忽略细微的差别和例外的存在。于是它从纯内在的源头抽出丝来织成一个网，就加在自然上面去。过去所谓科学也不外是这样的人所造成而加上去的一个网。人们望着他们自己的心意所造成的制品，却以为他们是看见自然中的实在。他们是在科学的名义下崇拜他们自己所造的偶像。所谓科学和哲学就是由自然的这些“预想”所组成。传统论理最坏的地方就是它并不把人从这个谬误的自然的本源拯救出来，反而将虚伪的统一性、单纯性和一般性等所谓合理性归诸自然，而认可这些妄诞的本源。新论理的任务是保获心意使它不自矛盾，教它忍耐持久地去学习事实中无限的差别性和特殊性，教它在知识方面顺从自然，以便在实践中支配自然——这就是学问的新论理——新工具或器官的意义，这名称显然是为反对亚里士多德的“工具”(organon)而起的。

这名称还包含其他重要的反对思想。亚里士多德以为理性是可与合理的真理独自结合的。他所说“人类是政治的动物”那句名言的反面是，性灵(Intelligence，Nous)不是动物的、人类的，也不是政治的。它是神圣的独一无二的、无所不包的。培根以为谬误是由社会的影响发生和长存的，而真理则需以真理的发见为目的而组成的社会机关去探索。个人自己不能做什么，他很容易陷于他自己所制的谬误的网里面。最需要的是协同研究的组织，以此而合力去袭击自然，世代相承继续地去做研究工作。培根甚至怀着一个谬想，渴望这样一种完善方法使自然人的能力差异很小，而在新事实和新真理的发见上人人那是平等的。然而这个谬想不过是他对于现代所特有的联合协同的科学研究的一个积极的预言中的反面。我们看他在他的新大西岛(New Atlantis of a State)里面所描写的为协同研究而组织的那个情形，就可以原谅他那夸张的表现。

支配自然的力量不是个体的力量，而是集团的力量。照他说，人支配自然的帝国将代替人支配人的帝国。我们现在借用培根自己的含有画意的譬喻的词句来讲，“人们有了学问知识的欲望……很少是专心为着人们的福利去运用他们所禀受的理性的，他们好像是在知识里面寻找一张卧榻使他们的探寻的和不定的精神得到休息；或一所高台，以便他们的浮动而易变的心意走上走下眺望美景；或一座塔，以便登高远眺；或一个要塞，一个瞰制地，以备战斗；或一间商店以资营利，而不是寻找归功于创造者并利济民生的库藏。”当威廉·詹姆士称实用主义为对旧思考法的一个新名字的时候，我不知道他是否想到培根，但从知识追求的精神和氛围看来，培根确可以算作从实用见地看知识的一个先觉。如果我们细心地观察他在知识的追求和归宿中怎样地注重社会的因素，便可以免掉许多误解。

以上对于培根的思想摘要说得很长，并不是要作一个历史的回顾，只是要提示一个可以表明知识革命的社会原因的新哲学的佐证。以下所举说明虽只是一个概略，但我想也可以帮助读者忆起当时欧洲所发生的工业上、政治上和宗教上的各种变化的趋向。

在工业方面，旅行、探险和新商业养成对于新奇事物的一种冒险的浪漫的感情，这个影响是说不尽的。它弛缓了传统信念的势力，振起了考察和开拓新世界的兴致，产生了制造业、商业、银行和财政的新方法，更在各处促进了发明的气运，输入了积极的观察和主动的实验到科学中去。十字军，希腊罗马古代学术的复兴，尤其是与伊斯兰教进步学术的接触，对亚洲和非洲的通商的增进，透镜、罗盘和火药的输入，所谓新世界的南北美洲的发见和开拓等——这些都是一些很明显的外界事实。向来孤立的人民和民族的对照，当心理的和工业的变化同时并起而互相助长时，变化的效果和影响是最大的。有时人民因交际而受到情绪的，几乎可说是形而上学的变化。精神的内部的倾向，尤其是宗教的关系，起了变动。还有频繁的货物交易，外国工具和技术的采用，异族的衣服住屋和日用物品的仿效等，这些变化在前者过于内部的，而后者则过于外部的，均不能引起知识的巨大发展。但当新精神状态的发现和普遍的物质的经济的变化结合起来时，重大事件就发生。

我以为，这两种变化的同时发生，就是十六世纪和十七世纪的新接触的特征。风俗和传统的信仰的冲突，扫除了精神上的懒慢和沉滞，引起了对于不同的种种新观念的巨大好奇心。旅行和勘探的实际的冒险，消除了对于奇异的和未如的事物的畏惧：地理上和商业上的新境地开辟了，同时精神也得到解放。新的接触促进了更多接触的欲望，新奇和发见越多，对于新奇和发见的欲望也越难满足。对于旧信念和旧方法的保守的固执，跟着新世界的每一新航行和外国风习的每一新报告，而逐次减轻。人心习惯了探险和发见。对在新奇的和非常的事物中所产生的找到的这种欢乐和兴趣，在旧有的和惯见的事物里面已经找不出来了。而且勘探、远征和规划远方冒险的历程自身产生一种特殊的快乐和感动。

这个心理的变化对于科学和哲学的新见解的产生是必需的。然而只是这个未必就能产生新的知识方法。给精神变化以客观形态和骨干的，是习惯和生活目的的积极变化。这些变化还决定新精神所由而起作用的途径。新发见的富源，美洲的黄金和各种消费享乐的新物品，将人心从形而上学和神学的束缚解脱出来，使人怀着新的兴趣转到自然和现世的欢乐去。美洲和印度的新物质资源和新市场，推翻了旧时代地方性的和局部的市场对家庭手工生产的依赖，引起了为外国和日形扩大的市场进行的蒸汽的大规模生产。资本主义、快速的运输以及非为消费而与物品交换，乃为营利而与金钱交换的生产跟着发生。

这些事件本极宏远而复杂，但这个初步的表面叙述亦足以略示科学革命和工业革命的相互关系。从一方面看，现代工业即是应用科学。赚钱或享受新货品的欲望，实际事务的精力和企业，没有科学的帮助就不能影响最近数世纪的经济变革。数学、物理学、化学和生物学的进步是先决条件。实业家不过是借各种技师的帮助，得到科学家在自然的潜力里面所已洞达的新知识并加以利用。现代的矿山、工厂、铁道、汽船、电报和一切生产运输的器具设备都表示着科学知识。即使附属于经济活动的通常的金钱关系根本改变了，它们仍是通行无阻的。总之，培根所谓"知识即力量"那个警句和用自然科学不断统制自然力的梦想，已由发明为媒介而实现了。以蒸汽和电力而引起的工业革命就是对于培根的预言的答复。

从别方面看，现代工业的需要，对于科学的研究实为莫大的刺激，这也是同样确实的。进步的生产和运输的要求引起了新问题的研究；工业的制造方法触动了科学的应用方法的新实验，实业所赚得的钱财也分了一部分去补助科学研究。科学的发见和工业的应用间所存不断的和普遍的交互作用使科学和工业滋生了丰饶的果实，使近代人知道科学知识的主旨是在自然力的统制。自然科学、实验、统制和进步，四个概念结合到不可解的地步。新方法的应用及其结果至今对生活手段的影响比对生活目的的影响还大，或者说人的目的从来所受影响实为偶然的而非由于理知的指导，这个思想就是指这种变化原限于技术而不及于人心和道德，是经济的，而非社会的。用培根的话来讲，我们虽在用科学支配自然方面很成功，但我们的科学还未能使这个支配系统地、优越地适用到人类地位的改进上去。这种适用虽亦不少，但都是偶然的、分散的和表面的。这个限制规定了现今哲学改造的特殊问题。因为它注重在社会的缺陷，而要求理知的诊断和目的方法的具体化。

不必说，政治上的巨大变化已经跟着新科学和它在工业上的应用而形成了，社会发展的方向在这个范围里亦已显示出来了。工业新技术的发展已经到处引起了以农业和军事形成社会典型的封建制度的颠覆。在现代商业所到地方，一切权力已由土地转移到金融资本，由乡村转移到都市，由农场转移到工厂，由基于私人的忠顺、侍奉和护卫而得来的社会名位转移到基于物资交换和劳动支配而得来的社会名位上去。政治重心的移动从阶级和习惯的羁绊解放了个人，而产生出自愿选择重于上级权力的政治组织。换句话讲，近代国家已非天工而是人事，亦非至上原理的必然的表现，而是男女自身的欲望的实现手段。

关于国家起源的契约论的错误在哲学上和历史上虽容易证明，但这个学说确曾流行甚广而且影响极大。从形式上看，它说往古人们自愿地结合起来，彼此相约遵守一定的法律并服从一定的权威，于是产生了国家以及统治者与臣民的关系。和在哲学里面许多东西一样，这个学说作为事实的纪录来看虽无甚价值，但作为表示人类欲望的方向的一个征兆来看就很可宝贵。它明示一个方兴的信念：国家所以存在是为了满足人类的欲望，可以由人类的意向和选择规定其体制。亚里士多德以为国家是自然存在的学说已不足以满足十七世纪的思想，因为他以为国家是自然的产物，好像将这个制度的组织放在人类的选择以外。而个人以其本身的决定表示其本身的愿望以建立国家的契约说的假定，亦具有同等的重大意义。这个学说当时风行西欧非常迅速，这表明旧制度的拘束弛缓到什么程度。证明当时的人已不甘于埋没在集体里面，认识到他自己是一个人，对于他自己的利益是有权提出主张的，他不只是一阶级、一行会或一社会阶层中的一员而已。

与这个政治的个人主义相并行的是宗教的和道德的个人主义。种族优于个体和恒久的普遍优于变化的特殊这种形而上的学说，是政治的和宗教的制度主义的哲学支柱。普遍的教会在精神事件范围内是个人的信念和行为的基础、目的和界限，恰与封建的阶级组织在世俗的事件范围内是他的行为的根据、法则和轨道一样。北方蛮族尚未完全同化于古代的思想和风习。主要是出自拉丁系统的生活所固有的东西被采用了，并或多或少地从表面上强加到日耳曼民族的欧洲。新教正是脱离罗马思想的支配的标记。它从自命为恒久普遍的组织制度支配下解放了个人的良心和崇拜。新宗教运动当初不能说曾促进了思想和批判的自由，或否认了绝对束缚个人智力的至上权威观念，亦不能说起初加强了对于道德及宗教信念的差异的宽容和尊重。它实际上只招致了既成制度的分解。因为宗派和教会的增加，它至少也助长了对个人自己判断终极事件的权利的消极默认。在这时候逐渐发展了以为个人良心是神圣并且对意见、信仰和崇拜是自由的一种信条。

这个确信的传播怎样增进了政治的个人主义，或怎样增加了对于科学和哲学中的旧观念的疑问——自己去思考、去观察、去实验，这是无须指出的。宗教的个人主义，甚至在宗教运动公然反对超出限度的思想自由的时候，也对于各方面思想的独立和首创性予以必需的认可。新教的最大影响在于启发以自己为目的的各个人的人格观念。到了人类被看作不需要像教会那样的媒介就可以直接与上帝发生关系，而犯罪、免罪、济度等被认为是在个人的内心决定，而不是由以个人为从属的种族全体决定的时候，主张以人格为从属的一切教条即遭到致命的打击——这个打击在民主主义的促进上引起了许多政治的反响。什么缘故呢？因为在宗教里既主张各个心灵具有内在价值的观念，就很难使这个观念不蔓延到世俗的关系上面去。

要在几节短文里，将那些影响依然未消灭而千百卷著作所论述不尽的工业上、政治上和宗教上的各种运动概括地加以记述，分明是一桩背理的事情。但我希望你们回忆一下我所以叙述这些事情，只是要说明标定新思想的进路的几种势力。第一，是兴趣从永久普遍的事物向着变化和特殊的具体的事物的转移——这个潮流在实际生活中的表现，就是将注意和思想从来世转到现世，从中世纪特有的超自然主义转到自然科学、自然活动和自然交涉的欢悦里面。第二，是固定的制度和阶级差别关系的崩溃，以及对根据观察、实验和反省等方法达到生活指导所需真理的个人心力的信任的增进。自然研究所起的作用和效果得了势，上级权威所命令的原理因而失势。

因此，以经验中的起源和经验中的利害得失作标准而判定原理和所谓真理的日益增加，而以超乎日常经验和独立于经验结果的高远的来源作标准的日益减少。无论什么原理，只靠年代久远已不足以被认为高尚、贵重、普遍和神圣。它必定要提出它的诞生证书，它必定要明示它是在经验的什么条件下产生，它必定要以它的功用——现有的或可能的——证明它自己。这就是近代以经验作价值和效用的究极标准的奥义。第三，进步观念大受尊重。支配想象的是未来，而不是过去。黄金时代是在我们前面，不是在我们背后。到处都有新的可能召唤我们，鼓动我们的勇气和努力。十八世纪后期法兰西大思想家借用培根这个观念，把它发展成了世界人类无限完美的学说。只要不惜所需勇气、智慧和努力，必能开创自己的运命。物理环境里面没有不可超越的障碍。第四，在支配自然和强迫它的力量归到社会用途的发明里面结果实的坚忍的、实验的自然研究，是促成进步的唯一方法。知识是力量，知识是从自然学校中学习自然的变化历程得来的。

在这一讲里面和在前一讲相同，我以为最好是仍就哲学所担负的新责任和它所际遇的新机会叙述一下，以作结束。从大体上看来，这些变化的最大结果，到今日为止，是将本于认识论或知识学说的唯心论代替本于形而上学或古代实在论的唯心论。

近世初期的哲学（在它自己虽是出于无心）的问题是怎样把关于宇宙的合理的和观念的基础、材料和目的的传统的学说，与对于个人精神的新兴趣和对于他的能力的新信赖加以调和。哲学陷于两难的境地。在一方面，它不想陷入以人为物理的存在和以精神属于物质的唯物论——尤其是当在现实的事件里面，人和精神正想得到对于自然的真正支配的时候。在另一方面，以为现在的世界为固定不动而包含广博的精神或理性的那种思想，又不合于那些深明世界的缺陷并志在补救的人们。从古典的形而上学的唯心论发展出来的客观的神学的唯心论是要使精神成为顺服的、默从的。新个人主义对于断然操纵自然和命运的、普遍的理性所加于它的拘束，是很厌烦的。

于是与中古和中世的思想分离了的现代初期思想，虽然继承了所谓“理性创造和构成世界”那个旧传说，但又把它和理性是因人的精神、个人的或团体的精神而作用的那个见解结合起来。这就是十七八世纪的哲学，无论是属于洛克(Locke)、柏克莱(Berkeley)和休谟(Hume)等的英国派，或是属于笛卡儿(Descartes)的大陆派的唯心论的共通论调。在康德(Kant)身上，大家都知道，这两种论调是混合一起的，而所谓可知世界的构成完全是由知者起作用的思想而成立的那个主旨，便毫无疑义了。于是唯心论遂由形而上学的和宇宙论的变为认识论的和人格的。

这个发展仅表示一个过渡的阶段，事至明显。结局不过是要把新酒盛在旧壶里。他对于由知识——为改造信仰和制度而发动的有目的的实验的活动——指导自然力的那个力量的意义并没有提出一个自由而公正的解释。往古的传说还有力量足以在无意中投入人的思维方法里面，而阻挠并和缓真正的现代的势力和目的的表现。主要的哲学的改造表示着撇开那些难与并立的旧因素而叙述这些因果的一个企图。它不把智慧看作事物的原本的和终极的原因，而看成是妨碍社会幸福的自然和人生的那些方面的有主意而有力量的改革者。它尊重个人，不是把他视为能用奇术构造世界的足于己而无待于外的夸大自用的“自我”，而是因为他能用创意、发明和灵巧的劳动去改造世界，将它变成作知能的工具和资产。

培根的“知识即力量”所代表的思想系统因此得不到一个自由而独立的表现。这些思想纠结在和它们完全不相容的体现为一个社会的、政治的和科学的传统的种种立场与成见里面。现代哲学的暧昧和纷乱就是想把论理上和道德上都无法结合的两个东西硬要结合的结果。哲学的改造在目下就是要竭力解除这些纠结，准许培根的志向得到一个自由而无碍的表现。在以后的讲演我们将要考虑关于古典哲学的对待观念如经验与理性、现实与理想等几个对峙的观念所需要的改造。但我们必须首先考察由于科学进步引起的关于有生和无生的自然的改变了的概念影响到哲学上的修正效果。

第三章　哲学改造中的科学因素

哲学发源于对生活难局的一种深刻而广大的反应，但只有在资料具备，足令这种反应在实践上成为自觉的、明显的而且可以传布的时候，才能发荣增长。在前一讲已经说明过，和经济的、政治的乃至教会组织的变化并起的是广泛的科学革命，关于自然、物性和人性的信仰几乎也都起了变化。这个科学的变局一部分是由于先前所述实践的态度和心境的变化而起，但当它得到进展的时候，它赋予那变化以一个适当的辞汇，以应它所需，并使它明白了然。科学的进步在它的广博的统括性以及在特定的事实方面，对于这个新心向的形成、助长、传布和扩张，确供给了它所必需的概念和具体的事实的知的资料。因此我们今天就要比较一下那在科学名下（假定的或实在的）被采用了而形成哲学的骨骼的关于大自然的构造和素质的诸概念。

我们要比较研究古代和近代科学的诸概念。因为近代科学所描绘的世界画像的真正的哲学意义，我看除了把它和那赋予古代形而上学以知识的基础和确证的古代世界观比对去校阅，是不能理会的。哲学家所信赖的世界是一个封闭着的世界，内部包含着一定数的形相，而外部则有一定边际。近代科学的世界就不然，它是一个开放着的世界，它的内部构成变化无定，不容加以限制，它的外部伸展超出任何假设的境界，没有涯际。这个世界就是古代最贤明的人也以为是固定的，只在静止常存、不可移易的界限内变化而已，在那样的世界里那些固定不动的东西在品质上和权威上又都高过那些变动的。第三，而人们从前用见到的、想象所描画和行为计划所对待的那个世界，是一个具有性质不同而以优劣等差排列着的一定数量的阶级、种类和形相的世界。

古代世界传说所设想的宇宙影像是不易追摹的。这个影像虽经但丁那样的剧化和亚里士多德、圣托马斯（St. Thomas）的辩证的推求，虽然在事实上控制人心直到三百余年以前，要摧毁它必至惹起宗教的纷扰，实则它已经黯淡、朦胧而泯没在渺茫中了。即使作为纯理的一个特殊的、抽象的东西也不容易恢复。

这个影像是遍布的并参错着回想和观察的详细情节以及行为的规划和法则，要想追想是不可能的。但我们终需尽力在我们的心目中安排好一个封闭着的，可以想见的，而在名义上可以叫做宇宙的东西。在它的固定的中心，有一个地球，而在它的固定的圆周，则天穹簇聚着一群星斗，在那环绕万物以保持其统一和秩序的以太中，永远不息地运行着。地球虽在中心，而在这个封闭着的世界中却是最粗糙、最笨钝、最物质的、最贱而又最坏的东西。它显示着一个最大的动摇和转变的场面。它是最不合理的，所以也是最不足道、最不可解的。它既不值得玩赏，又不值得赞美，更不足以规范行为。在这个粗糙的物质的中心和非物质的精神的永久的天空中有日、月、行星等等一定的系属，其离地愈远、离天愈近则它的等级、价值、合理性和实在性就愈高。这些区域都是由适量的地、水、风、火四原素所构成，只有天空是超脱四原素，而为非物质的常住不变的能力，名为以太所造就。

在这个密闭着的宇宙中当然是有变化的。但只是一定种类的少数变化，只是在一定限界内的变化。各种质量各有它的适当的运动。属于地的东西，因为它们本来粗糙，所以重而下坠。火和高级的东西则轻，就上升到它们各自适当的地位去。空气只升到恒星的表面，在那里就转为前后运动，这种运动是它本来具有的，如风和呼吸是其明证。以太是一切物质中最高尚的东西，所以取纯粹圆周运动。恒星每日的来复，显示最能接近永恒(eternity)，也最接近心在它自己的理性的理想轴杆上的自己回转的最高率。在地上则因其德性属于地——或径直因其没有德性——便只是一个变转的戏场。无目的、无意义的、单纯的动摇，开始时无一定起点，而终不知所止，亦无所成的。单纯的量的变化，一切纯机械的变化，是属于这一类。它们像海边的沙一样流转。它们是只可以感觉，而不能辨识或了解的。它们缺少一定的限制。它们是可鄙的，是偶然的、无常的嬉戏。

只有向着形式的一定结果而变化的才算数，才有道理可讲。动植物的生长是地面上俗世界可能的变化中最高等的实例。它们是由一定的形式转到另一种形式去的。栎只生栎，蚝只生蚝，人只生人。机械的生产的物质因素也掺进这种变化里面去，但只是偶然参进去了，就妨碍了物种的完成，并引起那无意义的变异，化成各式各样的栎，或各式各样的蚝，甚至生出畸形变态怪物、三手或四趾的人。除了这些偶然的意外的变异以外，各个个体都要经过一定的阅历，走过一定的路程。

有许多字眼念出来像是近代的。如在亚里士多德的思想里面所谓可能性、所谓发展等等，往往令人误用近代的意义去解释它们。但这些字眼的意义在古代和中世的思想里已为一定的条理脉络严密地限定了。所谓发展，只是种的一个特殊体内所起的变化过程，只是由栎实而至栎树的一种预定运动的一个名称。这种发展不起于一般的物体，只起于像栎类那样的在数量上无足轻重的小小部分而已。所谓发展、进化，它的意义绝不是新形式的起源或旧种的转化，像现代科学所解释的那样，其实只是变化的预定的圆周上的一种单调的回转。因而所谓潜势也不像在现代生活那样含着新倡、发明或根本变异的可能等意义，不过只表示从栎实成为栎树的那种原理。在技术上它是运动于相反两端间的一种能力。只有冷能变热，只有干能变湿，只有小儿能成大人，只有种子能成熟麦。所谓潜势，并不含有什么新东西出现的意义，只是一个特殊物重复它的种类所屡试的变化过程，从而成为万物所由构成的永久形式的一个特例的一种便利而已。

个体虽有无限数的差别，但种则有定数。这个世界本来就有种的分别，已预定了明显的部署。如同我们品第动植物一样，宇宙间一切物亦各有等级。一切物各因其性质而所属部类不同，这些部类便形成一个品级的系统。自然界亦有等级存在。宇宙按贵族制构成，认真地讲，是按封建制构成的。种和部类是不会混淆或重复的，只有偶然陷于混沌而已。此外一切都已预定属于一定的部类。各部类均在“实在”的品级中各有一定的位置。宇宙确是一个整洁的处所。它的纯洁，只因那不肯完全服从规则和格式的物质的存在而惹起的个体的不正常的变化而有所沾染。此外，这个宇宙部署各物都有一定的地位，而且各物也各自认得所属地位和部类，保守着它。从此技术上认为终极的形式的原因居上，而能致果的原因则落于第二义的地位。所谓终极的原因，不过是表示，宇宙间本来存在事物的种或类所特具的一定形式，制驭着所发生的变化，使它们向着它，以它做目标和终点，去完成它们的本性那桩事实的一个名称。天是空气和火的正当运动的终点，或终极原因，地是笨重东西的运动的终点，栎是栎实的目的，成熟的形式是幼芽的目的。

作成或激发运动的"致果原因"不过是好像对于那未熟、不完全的东西突然推了一下就使得它向着它的圆满的形式前去那样一种外形的变动。终极原因就是用以说明未完成以前的种种变化的缘由的已完成的形相。如果不想到那些既经完成而停止了的种种变化，在它本身就是"形式原因"："造成"或构成一个东西实在"是那样""就是那样"，换句话讲，就是那样而始终不变的那个特性或内具的本质。以上所讲的在论理和实际上都是密切相关联的。驳斥一个就驳斥一切。驳翻了一个，一切都要翻。这就是最近几世纪以来学问的变化所以真正可称为革命的唯一理由。它变换了世界的概念，全然和从前不同了。无论你从哪一点去追踪这个分别，你都会看到你自己是走进了全然不同于从前的路上去。

现在科学已代这个密闭着的宇宙而赋予我们一个于时间和空间均无定限，既无边际也无终竟，而于内部构造则无限复杂的宇宙了。从此它也就是一个开放的世界，一个在古代的意义就不能叫做宇宙的世界。这样的复杂，这样的广阔，既不能撮其大要，也就不能括入一个公式里面。现在成为"实在性"或存在的功能(energy of being)的标准的已不是"固定"，而是"变化"了。变化是无处不有的。近代科学家所致意的是运动的法则,是发生和因果的法则。他所说的是法则,而古人所说的却是种类和本质,因为他所欲得的是变化的相互关系,他要能够寻出照应着一个变化而发生的其他变化。他不想说明和断定在变化中永久常存的一个什么东西。他要叙述变化的一个不易的秩序。就是"恒"("constant")这个字在两方的论著中意义也不相同。在一方是说物理的或形而上的东西的永远存在,在一方是说事物的作用和机能的永久不变。一是独立存在的一个形相,一是互相联系的变化的叙述或推算的一个公式。

简单地讲,古代思想承认了种或类的封建制的排列次序,各从其上级取得特权,复对于其下属给以行为和服役的规则。这个特征和先前所考究的社会形态最相似,并精确地反映着这个社会形态。我们关于封建制基础上的社会怀着一个颇为明显的概念,家族的原理和血统关系的原理是强的,尤其在社会的高级则更显得强。在低级,个体被埋没在大众里面。因为各个个体都是同群中的一份子,没有什么特殊的东西可以分别他们的家世。但在特权的统治阶级里面,事情就全然不同了。血缘的关系立即把自己和外界划开,而对内则将它的一切分子结合在一起。亲属、种族、部类等从社会的具体事实乃至技术的抽象的解释都是同义的名词。因为亲属是共同性质的标记,是贯彻各个特殊个体而予以真正的客观统一的普遍而恒久的东西的一个标记。因为这样的人是同一血族的。于是他们就真正地,并非人为地被划作具有若干特性的一族。一切同时代的诸分子混合为一个客观统一体,包括所有先祖后代,除去所有属于其他血族或种的分子。这样将世界分成不

同的种类，各种类都对其他种类各有其不同的特性，而同一种类则结合其各个个体以防其过度的离异，这些情形的确可说是家族原理对于世界全体的一个投影，也并非夸张。

而且在封建社会，各血缘团体或各种族都占有一定地位。各以其所占高低互异的等级而为区别。这个地位给它以一定特权，使它对于那些下级的得以施其强迫制驭，而对其上级的得以致其奉侍和尊敬。这个因缘关系不外是上下尊卑。势力、权力是由上至下的，卑辈的行动事实上对于在上的都要表示敬意。动作与反应绝不平等，处于反对方向。一切动作都带有支配的性质，是由上而下的。一切反应都带有顺从和尊敬的性质，是由下而上的。古代学说所述世界构成与这个以尊严和权力大小而编配的阶级次序恰恰相合。

史学家所赋予封建制的第三特质是以兵役和武装防卫为中心的阶级秩序。我曾经讲过古代的宇宙论是和当时的社会组织并行的，恐怕会被误解作一种想象的比拟，如果在这个最后的考察又来做一个比较，你们必以为又是强引譬喻了。但我们切不可把这种比较看得太呆板。如果我们只注意两者所包含的支配和命令的概念上，便可以明白这绝不是勉强附和了。我们已经注意到当今所谓法则——变化中的恒常关系——这个名词了。然而我们时常也听见说“支配”事物的法则，而且都像是以为如果没有法则来维系它们的秩序，诸多事象就会紊乱到不知什么田地。这种想法就是把社会关系——不一定是封建的关系，治者与被治者，君主与臣民的关系也是一样——牵引到自然界去的一个积习。把法则看作与命令同义，即使个人意志的因素除掉了（如在希腊思想那样），而所谓法则或普遍等观念仍包含着优者对本质的劣者所行使的领导和支配的权力等意思。普遍(the universal)之支配万象，犹职工所持目的和模型之“支配”职工的动作。中世纪对于希腊这个统制观念添上了一个由于优者的意志发出的命令的意思，于是自然作用也成了指导行动的权威者所给予自然的一种任务的奉行。

近代科学所描画的自然的特质显然是与这个相反的。近代科学是发轫于大胆的天文学者撤废了天上的高贵的理想的势力和地下的卑贱的物质的势力的区别的时候。天上地下的物质和势力的差异性被否定了，所肯定了的却是处处运行着的同一法则，自然界处处的物质和变化过程都有同质性。辽远的、崇高的已由科学用我们所熟知的事理和物力叙述出来。我们所直接处理、所直接观察的物质是我们所认为最确实的，比较容易认识。由粗疏肤浅的观察而得到的远隔在天上的东西，在未曾被纳入和我们日常所接近的东西相同的元素里面，依然是不明白，难了解的。它们只提示问题，并无优异的知的价值。它们不是启发的手段而只是引逗。地的等级并不高过日月星，品位是相同的，地上所生事件是理解天体的锁钥。它们既在我们身边，我们也可以将它们放在掌握中操纵它们，毁坏它们，或分解它们成为种种元素，以便处理，或任意以新旧种种形式结合它们。这个结果我想是毫无牵强地可以作为阶级平等的个体的民主主义代替不平等的有尊卑次序的阶级的封建制度。

新科学的一桩重要事件是以地球为中心这个观念的毁坏。固定的中心这个观念泯灭了，封闭着的宇宙和天穹的圆境那个观念也跟着消失。在希腊人的思想中，由于他们的知识论受了美学的考察所支配，有限的就是完全的。从字义上看，有限的是造成了的、结束了的、完整的、无凹凸不平的边缘，而具有圆妙的作用的。不定的或无限的，就因为它是不定或无限，在性质上便有欠缺。无不是，即无一是。它是无形、混沌、无拘束、无法度，而为不可胜数的错谬和意外的渊薮。如果我们的兴致不由审美的转向实用的，不由静观调和完好的景物转向改变不调和的而为调和的，像我们现在所感到的无限与无穷的力量、无限与无涯际的扩张能力，以及无限与无止境的进展的欢悦等的结合，是不能了解的。我们只看看过渡时期的著述者如乔大诺·布鲁诺(Giordano Bruno)就可以明白他们和那密闭的有限的世界结合着一种什么样的抑屈沉闷的情感，而那个在时间空间则无涯际而内容则为无量数的元素所造成的世界，在他们当中却鼓动起一种什么样的畅快欢悦和雄心。希腊人所嫌弃的，他们却以一种冒险的狂热欢迎着。诚然，无限所蕴含的总有一点东西是永远想不到，因而也就是永远不可知的——无论学问的造诣怎样高深。但这个所谓"永远不可知"，并不是凛然不可侵犯的一个禁境，而是日新的考究的一个刺激，和无限进步的可能的一个保证。

希腊人在力学和几何学上造诣很深，是史学家所熟知的。骤然看来，在力学上的进步这样大而在近代科学上的进步却这样小，似乎是很奇怪的事。这个疑义使我们追问到为什么力学总是一个孤立的科学，它为什么不被应用到自然现象的叙述和说明去，像伽利略(Galileo)和牛顿(Newton)所做的那样。这个解答在先前已讲过的社会并行论(social parallelism)里面可以找到。从社会方面讲，机器工具是工人所用的，力学是研究工人所用的东西的，而工人是身份低微的，他们是社会阶级的下层；天上的光明，最高的东西，怎能准许他们取得呢？力学考察所得而要应用到自然现象去，是必须有实际统御和利用这些现象的兴趣而后可以做得到的，而这种兴趣全然与看终极原因为自然的固定的裁决者那种思想是不两立的。十六七世纪的科学改革论者都一致把终极原因说为科学失败的真正原因。为什么呢？因为这个终极原因说主张自然变化过程是受一定的必须到达的目标所拘束。“自然”是被绑在拖带上，是被约束着要产生出有限数的刻板的结果。只有少数东西可以生出来，而这些少数的东西又需与同样的变化周期在过去所造就的结果相同。研究和理解的范围只局限在永向着世界所提示的固定目的前进不已的变化过程的小小境域。充其量，由机器和工具的应用而得到的发明和生产必须限于价值微小，只供躯体使用而无与心智的一些物品。

固定目的的硬钳子从自然身上取下来的时候，观察和想象也解放了。应用于科学和实用目的的实验的统制也大大促进了。因为自然的变化过程已不限于一定数的不动的目的或结果，无论什么事情都可以发生。问题只在什么元素可以并置安排起来，俾得互起作用。力学立刻就不再是孤立的科学，而成为进攻自然的工具。杠杆、转轮、滑车和斜面的力学正确地告诉我们，当空间诸物体在一定时间内彼此相推动的时候，会发生什么事情。整个自然界就变成推和引，车轮齿车棒和杠杆以及人所熟悉的机械所产生的运动公式可以直接应用到的那些部分或零件的运动的一个场面。

从宇宙间摒除了目的和形式，在许多人看来，似乎是理想和精神的衰落。当自然被看作一套机械的交互作用时，它的意义和目的就完全丧失了。它的光荣也被剥夺了。性质的差别既已泯灭，它的美跟着消逝。对于自然否定了向往理想的一切内心的憧憬和愿望，就是隔离了自然和自然科学与诗、与宗教和与神圣事物的接触。所剩下的只有严厉的、残忍的、无生气的、机械力的展览。结果竟使许多哲学家觉得他们的一个主要责任，是要将这个纯机械的世界的存在与对客观的合理性和目的的信仰加以调和——将生活从堕落的唯物主义拯救出来。于是许多哲学家就想从知识作用的分析，即认识论，再回复从前支持在宇宙论基础上面的对于“理想的实在”(Ideal Being)的优越性的信仰。但在机械论既被承认是决定于对自然力的实验的统制的要求时，这个调和问题已不致再烦扰我们了。让我们回忆一下，固定的形式和目的是标明变化的固定的限界的，所以除了在寻常狭小的范围以内，一切产生和调整变化的人类的努力都归于无用。他们以预先宣告无效的一种理论去麻痹建设性的人类的努力。人类的活动只可以按照自然所赋予的目的去做。到了目的被人从自然中排出以后，意图才成为能够改造现实的人类内心的因素。非为实现既定的一套目的而存在的自然界是比较富于伸展性或塑造性，而用于什么目的都可以的。自然(nature)可从机械的公式的应用得到了解，这是利用自然增进人类利益的首要条件。工具和机器是供人利用的手段。只在自然被看作机械的(mechanical)的时候，机械的有系统的发明和制造才与自然活动相关联起来。自然顺从了人类的意旨，因为它已不再是形而上的神学的奴仆了。

柏格森指出人可以叫做“制造工”(Home Faber)，他是能制造工具的动物，与其他动物不同。这是自从人成了人以来至今都对的，但在解释自然尚未用到机械的词类以前，制造工具而用以进攻自然和改变自然的形相是偶然仅见的事。在这样境遇下就是柏格森一流的人也未必想得到制造工具的能力是这样重要，竟至可以用来判定人的意义。机械一物理科学家的性情所以弄到板滞、枯燥以及自然所以服从人类的支配，原因是一样的。性质被放在分量的数学的关系里面，色彩、音乐和形相便从科学家的研究对象中消失了。其余重量、广袤和运动的可以计算的速度等，也就是让它们自己可以彼此调换，或让它们自己可以由一个能的（energy）形式转作别个形式，简言之，就是让它们自己可以化成种种变相的诸性质。化学肥料可以替代动物肥料，优良谷类和家畜可以立意由劣等动物和草类培养出来，机械的能可以变作热，电可以变作机械的能的时候，人就得到了操纵自然的力量。最重要的就是他得到力量去立定新目的，并按完善的系统以求其成为现实。只有与性质无关的无限制的代替和变换才可使自然受操纵。自然的机械化是完成实用的和进步的理想主义的必要条件。

于是，以为物与心相反而且威胁心，只可以保持它在承认的最小限度内，以为物是尽量可以否认的东西，使其不能侵犯理想的目的，以致将这些理想的目的从现实世界排除出去等等，对于物质的这种多年的恐怖和厌恶分明在实践上是悖理的，而在知识上的是无能的。单从科学的立场去判断物质所做的是什么和怎样做，物质只是条件而已。尊重物质就是尊重事业的条件，条件有的是妨碍事业、梗阻事业必须改变了才可以用的，有的是帮助事业、促进事业，可以用来消除障碍而成就事业的。只有学习一心坚持尊重物质即事业成功积极和消极所系的条件的人,才是忠实尊重目的和志向的人。自命抱着目的而轻视实行手段,是最危险的自欺。教育和道德到了它们也晓得一心一意地注意手段和条件(人类所久已轻视为物质的机械的事物)的时候,才可以走上化学工业和医术为它们自己所开拓的同一发展途径去。如果我们以手段代替目的,我们就陷进道德的唯物论去。但我们只注意目的而不注意手段,便堕入感情主义,在理想名下我们倚靠运数和机会和魔术或戒律和说教,不然也落于狂热主义,这会造成无论牺牲多大也要达到既定的目的。

我在这个讲演里论及的许多事都很简略,但存在心里的只是一点。关于自然的概念和认识自然的方法的革命,产生了想象和希望的一种新心境。它确认了由经济的和政治的变化所蕴成的新态度,又给这个态度增加了一定的知识资料而构成和证实它。

在第一讲里面曾提到,在希腊人生活中平常的事实和经验的知识是比不上特殊的社会制度和道德习惯所牵连的想象的信念。现在这种经验的知识在价值和应用上却已突破了它的有限范围而起来了。它引进了无限的可能,无穷的进展,自由的运动,和不拘界限的均等的机会,等等观念,而自成了一个鼓动想象的工具。它改造了社会制度,同时也启发了新道德。它获得了理想的价值。它可以变为创造的建设的哲学。

但这只是说可以变的,还不是说已变了的。我们试考察一下古代哲学在思想和行为的习惯里是如何根深蒂固,如何适合于人的自发的信仰,新哲学产生的激痛是不足惊异的。所足惊异的,还是那样富于倾覆性和摧毁性的见解没有经过更多的迫害、殉难和纷扰而竟然进展了。它在哲学中许久才得到它的完整的形式，也当然是不足为奇的事。思想家的主要努力不可避免地要专意减轻变化的冲击，缓和转变的急迫，调解和撮合。当我们回顾到十七和十八世纪的差不多全体思想家，除了那些显著的怀疑论者和革命论者外，令人骇异的就是，虽在那些被认为最进步的人们当中，也存着许多传统的题目和方法。人们是不易抛弃他们的旧的思考习惯的，也断不能立刻就抛弃它们。在发展、教授和接受新观念时，我们都不得不用旧观念来作理解和传达的道具。新科学的全部内容只能够一点一点、一步一步去了解。概略地讲，十七世纪是天文学和宇宙论见诸应用的时期，十八世纪是物理学和化学见诸应用的时期，十九世纪是地质学和生物学见诸应用的时期。

有人说过，现今要恢复十九世纪以前流行于欧洲的那种世界观，是极难的事。但我们只要再看看达尔文以前的植物学和动物学，以及现今仍在道德政治方面占优势的各种观念，就可以发见那支配着当时人心的旧思想秩序。非至关于固定不变的类型和种，高低阶级的安排，暂时的个体对于普遍或种类的从属等信条，在人生科学上的权威受到摇撼，新观念和新方法应用在社会、道德生活里面是不可能的。做到最后这一步，科学的发达可以完成，哲学的改造可以实现，这不似乎就是二十世纪的知识的任务么？

第四章　关于经验和理性的已变的概念

什么是经验，什么是理性和心？什么是经验的范围，它的限界怎样？它是信仰的确实的基础，行为的安全的指针，程度如何？我们在科学上和行为上可否信赖它？或者我们越出了若干低级的物质的利害关头以后，它就是一个泥淖。它是否那样不稳定，那样浮动，那样肤浅，至今我们不能涉足，安然度过沃野去，反而走错路，辨不出方向，弄到进退失据。经验以外和经验以上的理性，对于供给科学和行为的确定原理是否必需？这些问题，从一方面看来，是深奥的哲学的专门问题，从另一方面看，却也包含着关系人们营谋生计的最为深切的疑义。这些问题不但关系人所用以构成他的信仰的标准，而且关系他所凭以指导生活的原理，以及他所趋向的目的。人是否必须凭一种引他进入超经验界去的特异的机关，以超越经验呢？如果这个不成功，他是否就要彷徨于狐疑幻灭中呢？或者，人类的经验本身，在它的目的和指导方法上，是否有价值呢？它能否自己辟出坚定的途径，或者，必须倚仗外面的扶助呢？

我们晓得传统的哲学是怎样答复的。这些答复虽不全然一致，但它们都以为经验断不出乎特殊、偶然和盖然的水平以上。只有在起源和内容方面均能超出任何和一切意想到的经验以外的一个力量才能达到普遍、必然而确实的权威和领导。就是经验论者自身也承认这些断定是正确的。他们只说，既然人类是没有所谓纯粹理性这种能力，我们就不得不满足于我们所有的、所经验的，并竭力利用它。他们既已满意对超经验论者所加的怀疑的抨击，又满意传授各种方法使人们可以尽量了解那不息的刹那的意义和好处，或者像洛克那样，确认经验虽有限境，但它却给与人们以指引行为的适当的步骤所需要的光明。他们断定那出自高级贤能的所谓权威的指导实际上阻碍了人们。

这个讲演的任务，是在说明，从来经验论者所未曾并且不能提出的那些主张，即认为经验是科学和道德生活的指导，现在怎样提出和为什么可以提出。

真是奇怪，解决这个问题的关键实在于经验的旧观念自身是经验的产物——当时人们得到的唯一的经验。如果经验的别一个概念现今是可能的，那正是因为现今所得到的经验的性质所遭遇的社会的、理知的变化比之从前更为深刻。柏拉图和亚里士多德关于经验的说明实际上就是希腊人的经验的说明。它和近代心理学者所谓从试验和错误入手而不从观念入手的学习方法非常近似。人试做某一种动作就受到某一种感应和感动。这些动作在发生的当时是各个孤立的、特殊的——与它相对应的是刹那的欲望和刹那的感觉。而记忆则将这些各个事件保存积累起来。当它们积累起来的时候，那些零乱驳杂的被丢弃了，那些有共同形相的被挑选出来，充实起来，联结起来。行动的习惯渐渐形成了，与这习惯相对应着，形成了某一物体或某一状态的一个普通心象。于是我们不但辨识或注意这个特殊事物（严格地讲一个特殊事物是不可能全然辨识清楚的，因为辨识不经分类就不能举其特性、证其相同),而且认得它是人,是树,是石,是皮革——属于某一部类而标明其全部类所特有的普通形相的一个个体。跟着这个常识的知解的发达就长成行为的一定的规则性。特殊的事件融合起来,行动(在它所及的范围内是普遍的)构成一个方式。职工、鞋匠、木匠、运动家、医师等处理事件有一定常规,在他们当中所表现的一种熟练技巧发展了。这个规律性自然是表明那特殊事件不是作为孤立的特殊事件看待,而是作为属于某部类的一例看待的,所以它要求某一部类的动作。从所遇见的多数特殊病患中,医师学到把若干症候汇归消化不良的部类去,并且学到以一种共同或普通的方法去治疗这一类的症候。他定下一个服用药、饵的规则。这些就构成我们所谓经验。而其结果,如前例所明示的,就得到一种概括的见识和行动中的一种有组织的技能。

不用说,这个概括和组织是有限的而且是有误的。这些,如亚里士多德所常说的,是适用于寻常事件的一个规则,而不是普遍的、必然的,或者当做一个原理适用。医师是难免误诊的,因为各个病例各不相同,它们的本质原是如此。这个困难不是起于经验缺乏而以更丰富的经验补救得的。这样的经验本身自有缺欠,于是错误无可避免并且无可救治。唯一的普遍性和确实性是经验以上的一个境地,即合理的和概念的世界。如同特殊事物是到心象和习惯去的一块踏脚石一样,心象和习惯也是到概念和原理去的一块踏脚石。但后者却放下了经验就不管了,再也不回头去修正它。当我们说那个建筑师或那个医师的操作方法是"经验的"不是"科学的"的时候,仍然遗留在"经验的"和"合理的"对照间的就是这个观念。但关于经验的古今概念的区别,已表现在下列事实中,即这样的评语成了对于某一特殊建筑师或医师而提出的一种攻讦，一种诽谤的控诉。在柏拉图、亚里士多德和烦琐学派看来，因为他们以职业做经验的范型，这个评语是对于职业的一种攻讦。它是关于与概念的审思相反的一切实际行动的一种诉状。

以经验主义者自居的现代哲学家通常都抱着批判的目的。和培根、洛克、孔狄亚克（Condillac）和爱尔维修（Helvetius）一样，他面对着他所极不信任的许多教条和制度。他的问题是在解脱人类白白背负着的重担，打破它，扯毁它。他的发掘和剖析的最便易的方法是求助于经验，以经验做最后的证据和标准。无论什么时候，积极的改革论者在哲学的意义内都是经验论者。他们专事证明那些自命为曾经取得生就的观念和必然的概念的认可，或导源于理性的、可靠的、启示的若干现行信条或制度，实际上却都是出自身份低微的经验而且是由偶然的阶级利益或偏执的权力而取得承认的。

洛克所倡导的哲学的经验主义就是注重做这种毁坏功夫的。他很乐观地假定了，当盲目的习惯、强制的权威和偶然的联想等重担被解除了的时候，科学和社会组织的进步就会自发地出现。它的任务是帮助解除这个重担。令人摆脱这个重担的最好方法，是教人明白，与那可恶的信条和习惯结合着的观念在人心中的起源和生长的自然历史。山塔耶那（Santayana）叫这一派心理学做恶意的心理学（malicious psychology），是妥当的。这种心理学把某种观念的构成的历史和那些观念所关涉的诸事物的叙述看成是相同的——这样的相同对于那些事物自然产生不利的结果。但山塔耶那却忽略了蕴蓄在恶意里面的社会的热诚和目的。他不能指出这个“恶意”是瞄着已经失却功用的制度和习惯，他不能指出它们的起源的心理的估计大抵是和事物本身的破坏的估计同等。但到休谟（Hume）明白地指出了将信念剖成感觉和联想就是将“自然的”观念和制度放在改革论者曾经安置过“人为的”观念和制度的同一地位以后，局面就不同了。理性主义者用感觉论的经验论的论理，说明经验若只是混乱而孤立的特殊事件的堆积，对于科学和道德的法则和义务；和对于人所憎恶的制度一样，是致命的，结论是，如果经验必须具备结合和联系的原理，就要诉诸“理性”。康德和他的后继者的新唯理主义的唯心论似乎是因新经验主义哲学的破坏而必然出现的。

使经验的新概念和关于理性对经验的关系的新观念，或更正确地讲，关于理性在经验中所占地位的新概念，得以产生的有两件事。第一件是经验的实际性质，即实际所经验的内容和方法的变化。第二件是基于使经验的性质的新科学的构成成为可能的生物学的心理学的发达。

请先从学术方面即心理学的变化说起。我们于今才开始了解十八至十九世纪支配着哲学的心理学是怎样被全部破坏的。按照这个心理学，心的生活发端于感觉，这些感觉是个别地和被动地接受得来的，而且更可以由记忆和联想的法则形成心象、知觉、概念等镶嵌细工。五官是知识的门户或通路。除了结合原子的感觉以外，心对于认识全然是被动的、从顺的。意志、行动、情绪和欲望是跟着感觉和心象而起的。知识的或辨识的因素先行，情绪的和意志的生活不过是观念与快乐、痛苦的感情相结合的结果。

生物学发达的结果倒转了这个场面。有生命的地方就有行为、有活动。为要维持生命，活动就要连续，并与其环境相适应。而且这个适应的调节不是全然被动的，不单是有机体受着环境的塑造。就是蛤蜊也对于其环境有所反应，而加以若干改变。它选择材料以资营养，以充其护身介壳。它有所施于其环境，并需有所施于它自身。在生物当中是没有只顺从环境的，就是寄生物也不过是接近这个境界而已。要维持生命就要变化环境中若干因素。生活的形式愈高，对环境的主动的改造就愈重要。这个增长了的制御可以用野蛮人和文明人的对照来说明。假如他们两个同住在荒野里。野蛮人对于所处的环境尽量去求适应，可以叫做反抗的极少。野蛮人取了东西就那样子拿来用，他靠洞窟、草根、木实和川泽以度他的贫乏而不安定的生活。文明人就不然，他走到远远的山上去，把溪流堰起来。他筑水塘，挖沟，把水引到沙漠的荒野去。他四处寻找宜于繁殖的树木和牲畜。他采摘本地的树木，用选种和接种的方法去改良它们。他利用机器去耕地和收割。用这样的种种方法他可以把荒野变成盛开的玫瑰花一般鲜艳。

这样的转变场面是我们所常见的，竟忽略了它的意义。我们忘记了生命本有的力量就在这些地方发现。试看看这种见解在经验的传统概念里惹起了怎样一个变化。经验变成首先是做（doing）的事情。有机体绝不徒然站着，一事不做，像米考伯（Micawber——狄更斯的小说中的人物）一样，等着什么事情发生。它并不默守、弛懈、等候外界有什么东西逼到它身上去。它按照自己的机体构造的繁简向着环境动作。结果，环境所产生的变化又反映到这个有机体和它的活动上去。这个生物经历和感受它自己的行动的结果。这个动作和感受（或经历）的密切关系就形成我们所谓经验。不相关联的动作和不相关联的感受都不成为经验。例如在一个人睡着的时候，火烧了他。他的身体的一部分被烧伤了，这个火伤不是以清醒的知觉从他的行为归结出来的，在教训的意义上没有什么是可以叫做经验的。只有一连串的单独运动，如在痉挛中的筋肉收缩等。这些运动简直不成东西，它们对于生活没有一点结果。就是有，这些结果和事前的动作是没有关联的。既没有经验，没有学习，也没有积累的过程。但假如一个顽皮小孩把手指头放进火里去，这个动作是乱来的，既没有目的，也没有决意或考虑，但结果是遇着些事。这个小孩遭到火烧，感着痛苦。这个动作和感受，伸手和火烧，连结起来。这一件事警醒了他，其余就可以类推了。于是就得了一个意义非常重大的经验。

哲学上的几个重要意义从此发现。第一，在利用环境以求适应的过程里所起的有机体与环境间的相互作用是首要的事实，基本的范畴。知识反落于从生的地位，即使它一旦确立了，它的地位很重要，其来源是次一等的。知识不是孤立、自我充足的东西，而是包罗在用以维持和发展生活的方法里面的。感觉失去其为知识门户的地位，而得其为行动刺激的正当地位。眼或耳所受的感觉对于动物并不是世间无足轻重的事情的一种无谓的知会，而是因应需要以行动的一种招请或引诱。它是行为的引线，是生活求适应环境的一种指导因素。它在性质上是触发的，不是辨识的。经验论者和理性论者关于感觉的知识价值的争论全部归于无用。关于感觉的讨论是属于直接的刺激和反应的标题底下，不是属于知识的标题底下的。

作为一个意识的因素看，感觉标志着以前所着手的行动进程的中断。许多心理学家，自从霍布斯（Hobbes）时代，已经研究过他们所谓的感觉相对性了。我们感觉到冷，与其说是绝对的，毋宁说是在热与冷的推移中感觉到的。硬，是由一个抵抗较少的背景感觉到的，色彩，是与真光或真黑或其他光泽的对照。永无变化的色调或色彩是跟踪不到，或感觉不到的。我们所认为单调的延展的感觉，其实也常受其他因素的侵入所扰乱，而代表着一连串往还不息的微细波动。然而这个事实却被误用为关于知识性质的一个解说。理性主义者用它毁谤感觉，以为我们既不能根据它而真正地掌着任何事物的本体，它就不是知识的确实的或高级的形相。感觉论者用它以轻蔑所谓绝对的知识，以为一切都是冒充。

然而公平地讲，感觉的相对性这个事实绝不是属于知识的范围内的。这种感觉与其说是认识的、知识的，毋宁说是情绪的、实用的。它们是因事前的调度受了阻碍而突起的变化的冲击。它们是行动转易方向的信号。让我引一个浅近的例证。笔记者，当他记得顺利的时候，他感觉不到他的铅笔在纸上或在他的手上的压力。它不过是做了一个刺激，使当时的调度得以灵敏而有效。这个感觉的活动自动地、无意地引起它的发动器官的适度的反应。事前本已有一个是从习惯得来而结局便成了神经系统中生理上本来具有的联系。如果那个笔尖坏了，或秃了，写字的习惯就不能进行得那样顺利，于是感着一种冲击——觉得有点事，有点不对。这个情绪的变化就做了活动中必要变更的一个刺激。这个人看看他的铅笔，把它削好，或从他的衣袋里掏出别一支。这个感觉是安排行动的一个枢轴，它标示出写字时一向的定程的中断，和别样动作的开始。感觉是“相对的”这个意思，就是表明在行动的习惯里面从行动的一个次序到别个次序去的种种推移状态。

所以唯理主义者否认这样的感觉是知识的真元素,这是正当的。但他对于这个结论所持的理由和从此引申出来的推论都错了。感觉绝不是那种知识的什么成分,无论是好、是坏、是优、是劣或完全与否。它们毋宁是归结到知识去的研究活动的一个激发者、鼓动者、挑战者。它们不是比反省的方法、比需用思考和推理的方法更为劣等的认识方法,因为它们全然不是认识的方法。它们只是反省和推理的刺激。当它们成了阻碍的时候,它们提出一些疑问,这个冲击是什么意思,什么事情在发生,是怎样一回事,我和周围的关系是怎样被扰乱了,应该怎样去对付这件事,我要怎样改变行动的进程去适应周围所起的变化,我对于这个变化要怎样安排我的行动去对付。因此感觉就如同感觉论者所主张的那样,确是知识的起端,但这所谓起端不过是表示所经验的变化的冲击对于那毕竟会产生知识的考察和比较只做了些必要的刺激。

当经验与生活进程相并置并且感觉做了调整的指标的时候,所谓感觉原子论就全然解体。于是结合诸感觉的超经验的理性的综合作用也不必要了。哲学已不再有那种如同以沙结绳的绝望的问题。洛克和休谟所谓孤立的单独的存在既被看作不过是用以解答他们所倡关于心的学说的若干持论,而非真是经验的,康德派和后起康德派为着综合经验的资料而设定的精致的先天概念和范畴组织也没用处。经验的"真资料"应该是动作、习惯、主动的机能,行为和遭受的结合等适应途径,感官运动的相互协调(sensori-motor co-ordinations)。经验在它自身里面含有结合和组织的原理,这些原理并不因为它们不是认识的而是生命所关的、实用的就减损了价值。就是最低级的生活也必须有相当程度的组织。就是变形虫也要在时间里有一定的连续活动并且在空间里对于环境多少有一定的适应。它的生活和经验不能只靠瞬息的、原子的和单独的感觉而构成。它的活动与周围环境，与它在事前事后所经历的都有关涉。这个生命所固有的组织无须一个超自然的和超经验的综合。它作为经验内的一个组织因素，供给知慧的积极进化的基础和资料。

在这里略示社会的组织和生物的构造参与人类经验形成的范围，谅也并非全然超出题目以外的事。以为心在认识作用中是被动的这个观念，大概是由于人类小孩无力观察而加强起来的。但这个观察是全然错误的。小孩因为体力不足，要靠他人，他和自然的接触是以他人做媒介的。母亲和保姆，父亲和长辈，决定他应有什么经验，他们经常教导他，所作所遇的有什么意义。社会所流行和重要的概念，在小孩尚未达到以自己的考虑制御自己的行动以前，早就做了小孩解释事理和评价的原理。事物来到他面前，是以语言作外衣披着的，不是赤裸着身体的，这个传达的服饰使他参与了他周围的人所怀抱的信念。这些信念以许多事实的姿态构成他的心意，并做了他安排自己的阅历和见闻的中枢。这些就是结合和统一的诸范畴，与康德的那些同等重要，但这些都是经验的，不是神话的。

我们再从这些初步的或多少专门的考察转向经验自身由古代和中世推移到近代的行程中所经历的变化。依柏拉图的见解，经验属于过去，属于习惯。经验差不多是与既成习惯相同的，不是由理性或在知的制御下所构成，只是由重复和指头的盲目拨弄得来的。唯有理性能够援助我们脱出过去事件的羁绊。到我们遇着培根和他的后继者,我们才发见一个奇怪的反向。理性和随从它的诸普通概念成了保守的、奴视心的因素。经验成了解放的力量。经验代表新,令我们抛弃过去的执著,示我们以新的事实和真理。信赖经验不产生尊尚习惯的热诚,而产生前进的努力。这个心境的迁异意义更为深远,因为它是无意中成就了的。若干具体的重大变化必曾发生于当时的实际经验。因为,毕竟经验这个概念总是追随和受成于实际所历的经验。

当数学和其他合理的科学在希腊人中发达起来的时候,科学的真理未曾反应到日常经验去。它们只孤立着、隔离着,而且是高高在上的。医药得到了最大量的实际知识,但攀不上科学的尊严地位,只是一种方术。而且其他实用的技术里,也没有什么有心的发明或改善。工人只依照相传下来的模样去做,离开了定型、定则,常常造出低劣的产品。改良是从缓慢的逐渐的和无意中的变化累积得来的,不然,就是出于一时的偶然的灵感,立刻定出一个新标准来。这是无意中得来的,于是归功于神。关于社会艺术(social arts),就是柏拉图那样的激进改革论者,也以为当时的弊病是由于没有一定的模型去规范技术者的作品。哲学的伦理的意义就是供应这些模型的,而且这些模型一旦制定了,更由宗教奉为神圣,由艺术加以装饰,由教育施以培植,由行政者予以强制,这样就不能有所改变了。

关于实验的科学可以令人能审慎控制环境一事已经讲过几次了,现在无须重述了。但这个控制对经验的传统概念的冲突常常被人忽略,所以我们必须指出当经验不再是经验的而转为实验的时候，就要发生非常重大的变化。从前人用他既往经验的结果只是作成习惯，这些习惯以后就只是盲目地遵守着，或盲目地毁坏了。现在，旧经验是用以指点新目标、新方法，以资发展新经验、好经验，所以经验就此可以说是建设的自律的。莎士比亚(Shakespeare)就自然所说的一句意味深长的话"自然非手段所能改善，而手段却为自然所作成"，挪到这里来说经验，也是妥帖的。我们不只是蹈袭既往，或等候意外事件来强使我们起变化。我们利用我们的既往经验，来造就新的、更好的经验。于是经验这个事实就含着指引它改善自己的过程。

科学，"理性"，当然就不是从上被加于经验的东西。在既往的经验里面点醒的和试验过的，也可以通过发明和其他许多方法用它去扩张和充实后来的经验。虽然像屡次曾讲过的那样，经验的这个自我创造和自我整饬大半仍是技能的，而不是艺术的或人事的，但它所完成的已足保证智慧统御经验的可能。它的界限是道德的、智性的，是由于我们缺乏善意和知识，并不在乎经验所内蕴的形而上学的特性。和经验分立的一种能力，所谓"理性"，曾指引我们到普遍的真理的高级世界去，到如今已令我们觉得是渺茫、没趣、无关重要了。理性，如康德所谓以普遍性和条理性付与经验的，已令我们日益觉得是多余的——是耽溺于传统的形式主义和精巧的术语学的人们所特创的无用的东西。从既往经验发出的提示参照着现在的需要和缺乏等事实而发展起来，成熟起来，可以用作特殊改造的目标和手段，并可以用这个调整功夫的成败来检验，也就够了。对于以建设形式备充新目的的这种经验的提示我们起了一个名字叫做"智慧"。

在经验进程中承认主动的、计划的思考的地位，这件事根本变更了关于特殊与普遍、官能与理性、知觉与概念等专门问题的传统情势。但这个变更超出了专门的意义。因为理性就是实验的智慧，是照着科学的模样孕育出来、用以创造社会艺术的，它必定要做些事。它从因无知和意外而凝成习惯的过去的束缚解脱人。它拟出一个更好的将来，并帮助人去实现它。而它的作用又常在经验中受着检验。所订的计划，即人计划作为指导改造活动的诸原则，并不是独断的。它们只是假定，是要施诸实际，以验其对指导我们目前的经验是成、是败，而可以随时加以修正、补充或撤销。我们可以叫它们做行动纲领，但它们既是用以维系我们未来的活动，道以绳墨免其妄作的，它们是很灵活的。智慧并不是一旦得到就可以永久保用的东西。它常常处于形成的进程中，要保存它就要随时戒备着，观察它的结果，而且要存着虚心学习的意志和从新调整的勇气。

和这个实验的和调整的智慧对照着看，旧时的唯理主义所持的理性不得不说是过于鲁莽、浮夸、无责任心和呆板——简单地讲，是陷于绝对论。——近代心理学的某派用“合理化”这个字来表示那些心性的机制，由于它的作用，我们往往无意中对于我们的行为或经验加上一个较比事实应有的更为好看的外观。或者对于我们窃自以为可耻的行为往往付与一个旨趣和条理，以求自解。旧时的唯理主义也是一样，常用“理性”来做剖白和辩解的代理者。它教导我们，说实际经验的缺陷和弊病消失在事物的“合理的全体”(rational whole)里面，事物出现毛病只是由于经验的偏枯不完。或如培根所说“理性”装上一个单纯、统一和普遍的外表，替科学开了一条虚构的安逸的道路。由此归结到知识的无责任和怠慢去——所谓无责任，是因为唯理主义认为理性诸概念是自足的从而是超乎经验以上的，自无须乎确证，亦无从而得确证。所谓怠慢，是因为这一个假定令人不注意具体的观察和实验。对经验的轻蔑在经验中遇了一个悲剧的报复，它育成了对于事实的藐视，而这个藐视却在失败、愁苦和战争中付出了代价。

唯理主义的独断的强硬，在康德用纯粹观念维持经验以免其混乱的企图的结果中，可以看得最清楚。他开始就要抑制离开了经验的“理性”的僭越，是值得称赞的。他把他的哲学叫做批判的哲学。但因为他倡道悟性使用固定的先天的概念，以维持经验的联系从而使知识的对象（诸性质的稳固而有条理的关系）得以成立，他在日耳曼思想里面启发了对经验的繁杂性提出了一种不可思议的轻蔑并对系统、秩序、规矩本身的价值作了一种不可思议的过分估价。更多的实际原因助长了日耳曼对操演、训练、纪律和顺从所特有的尊重。

但是康德的哲学，对于固定的和既成的万有、“原理”、“法则”，却预备了一个关于个体的隶属的知识的辩护或理性“化”。理性和法则被看作了同义语。而且因为理性是由外面和上头来到经验里面的，于是法则也需由外面的和优越的权威来到生活里面。和绝对论互有实际关系的是气质的严厉、拘执和顽固。当康德认为，有些概念（而且是重要的）是先天的，不是从经验得来，也不能以经验证实或检验，并且没有这样现成的东西投进经验里面，经验就陷入无政府的混乱状态的时候，他虽在文字上否定了绝对的可能，但已培养了绝对论的精神。他的后继者感于他的这种精神，反略了他的文字,竟系统地倡起绝对论来了。日耳曼人虽然有科学的资质和术语的练达,但陷于思想和行动的悲剧的(这所谓悲剧的是因为将他们陷于无能了解他们所住的世界)严厉而倨傲的标格,是一个充分的教训,说明系统地否认智慧及其概念的实验性质会有什么结果。

如普通人所承认,英国经验论的结果是怀疑的,而德国唯理论的结果却是辩解的,前者所攻击的,后者却加以维护。前者看破了在自己的或阶级的利益的影响下成了习惯的种种偶然的联想,而德国的理性唯心论却发见了因绝对理性必然的推演而展开的深奥的意义。现代社会吃了亏,是因为在许多事情里面哲学都走了极端,只准它在那些相反的两极中任意自择其一,如支离的分析或强硬的综合;侮蔑并攻击历史为琐细而有害的极端急进论,或把制度看成是永久的理性所胚胎而奉为理想的极端保守论;将经验融为无法维系安定的组织的原子因素,或全然将全部经验钳制在固定的范畴和必然的概念底下——这些都是诸学派争论时所呈现的两极。

这些就是感觉与思维、经验与理性、传统对立的论理归宿。常识是不肯追踪两种学说到论理的终竟去的,于是退回信仰和直觉去,或在急需时进行实际的调和。但常识也常常受到扰乱和阻碍,而得不到专门学者所提出的哲学的启发和指导。回到常识去的人们,当他们想获得一般的指导,而诉诸哲学的时候,很容易走向常规,人格的势力,和强有力的领导,不然,就应着目前的情势处置下去。因为十八世纪和十九世纪初叶的自由的和进取的运动没有一个足与实际期望相应的智性的阐发,其所酿成的损害是难得估计的。它的心地是正大的，它的意向是人道的、社会的。但它没有建设力的理论工具。不幸它的头脑也有点缺欠。它所持主义的论理从原子的个人主义方面来看，常常几乎是反社会的，从虔信粗暴的感觉方面看则反乎人性。这些缺点为反动派和蒙昧主义者所利用。依靠超乎经验的固定的原理和不能以实验证明的独断的有力论据，或不靠经验的结果和后效而靠先天的真理规范和道德标准的有力的论据，乃是公认的经验主义哲学家所采用和主张的关于经验的实证的概念。

哲学的改造既需救助人们，免其彷徨于贫乏而片面的经验和虚伪无能的理性间的歧路，也会解脱人类必须肩起的最重的智力负担。它毁坏了将善意的人们划为两大敌对营垒的分界。它允许那些尊重过去和既成制度的人们与兴趣在于建设一个更自由、更幸福的将来的人们彼此合作。因为它可以决定种种条件，使过去的经验和指望着将来而预为策划的智慧能够有效地互相辅助。它可以使人尊重理性的要求而不至同时陷于对超经验的权威的迷惑的崇拜，或现成事物的矫激的“合理化”。

第五章　理想与现实的已变的意义

以前已经讲过，人的经验所以成为人的，是由于联想和记忆的存在，而这些联想和记忆经过想象的连缀使其合乎情感的要求。人感到乐趣的，由于欠缺训练，就是平日闲居无事时耽于幻想，作出种种令人兴奋、令人满意的心象来消遣解闷。所以在人类的经验中，诗是在散文以前发生，宗教是在科学以前出现，而装饰的技术纵不能代替实用，亦早已发达到与实用工艺不相称的程度。既往经验所提出的暗示，为要令人满意，令人欢悦，为要培养现时的情绪并赋予意识生活以力量和色彩，而需重行改造过，将那些不愉快的磨灭了，再添些可以享乐的东西。有些心理学家说，对于失意事是有一个所谓健忘的自然倾向——人们在思考和记忆里回避不惬心的事情是和他们在行动上回避障碍一样。诚实的人们都晓得，道德的训练所需的努力大半在于奋自悔悟其过去和现在行为的不愉快的结果。我们伸欠、闪烁、回避、假托、隐瞒、辩解、掩饰——无非是想使我们的心境稍纾其所不安。简言之，自发的暗示是倾于经验的理想化，而于意识中给经验以实际所无的性质。时间和记忆是真艺术者，它们把实在改变得更加接近心愿。

想象愈加自由，受具体的现实的拘束愈少，理想化的倾向脱离凡俗世界的羁绊则愈远。当想象修改经验时，想象所注重的事物

即实际所缺欠的事物。生活平静而安逸，则想象迂缓而笨钝。生活不安而烦扰，则想象为其所激，而致描出与实际相反的种种事物的形态。从一个人所构空中楼阁的特征可以推知他心中未遂的期愿。现实生活中的困难和失望在幻想里可以变作显著的功业和得意的凯旋，事实上是消极性的，在幻想所构成的意象中将是积极的；行动中的困顿在理想化的想象里可以得到巨大的补偿。

考察所得的这些结果不止适用于个人心理。对于古代哲学的最显著的特点之一，即对于其本质原是理想的至高的实在的思想是极重要的。史学家曾屡次在希腊宗教的奥林匹克诸神殿(Olympian Pantheon)和柏拉图哲学的理想世界间作了颇有意义的对比。凡是神，无论他们的来源和起初的特征是什么，都成了希腊人在自己的人间生活中所赞美的功业的理想化了的投影。神是和人一样的，他们只过着人人所期望的生活，有强大的力量、圆满的美质和精熟的智慧。当亚里士多德批评他的老师柏拉图的唯心论，说观念结局只是永远化了的感觉的事物，就是指出刚才所说的哲学与宗教、艺术的相似。除了纯术语的意义外，就柏拉图的观念所说的话是否也可以拿来加诸亚里士多德的“形相”？数百年来影响科学和神学的过程至深的这些“形相”和“本质”，除了脱去污点，除治瑕疵，修补缺陷，和成全触动和暗示的日常经验的事物外，究竟还有什么？简捷地讲，若不是日常生活中神化了的(divinized)，在实际经验中总是失望的，但想象将它们化作理想的以适应人的期望，因而就变了形的那些事物，它们又是什么呢？

柏拉图、亚里士多德——虽稍有不同——普洛丁(Plotinus)、马苦斯·奥列留斯(Marcus Aurelius)、托马斯·阿奎那(Saint

Thomas Aguinas)、斯宾诺莎(Spinoza)、黑格尔(Hegel)等,或说终极实在于其本性是完全理想的和合理的,或说它是以绝对的理想性和合理性为其必然的属性,是哲学家所熟知的事实。在这里可以不必解说。但这些广大的系统的哲学,而用表示那些令生活不快意而又烦扰的事物的相反概念来界说完全的"理想性",是值得注意的。诗人、道学家对于经验的完善、价值和满足,所以提起非议的主因是什么?绝少是以为简直没有这些事的,虽有,但只是倏忽即逝的。它们不停留,最坏的情况是它们到来,只是使人浅尝理想的霎间旋生旋灭的一点滋味,而徒增其烦恼。最好的情况也不过以关于更真的现实的一个偶见即逝的暗示稍施启发和指点而已。诗人和道学家的不但关于感官的享乐并且关于声名和功业的无常的这种常套,就是哲学家,尤其是柏拉图、亚里士多德,也曾深加反省过。他们反省所得结果已错综交贯于西方思想的结构里面。时间、变化和运动,就是希腊人所谓"非有"任便污占了"真有"的诸征状。说法虽离奇,但近代许多嘲笑"非有"这个概念的人其实也在"有限"或"不完"的名义下重复同一思想。

哪里有变化,哪里就有不稳定,而不稳定就是有所缺欠、不备、不完的证据。这些就是转变、化成、坏灭、与非有、有限、不完相互间的联系所共通的观念。因此完全而真正的实在必是不变的、不可移易的,如此充满着"实有",因而永远保持着它自己在一个静止和安息的状态。现代最巧妙的辩证的绝对论者布拉德列(Bradley),明白地说出"没有完全真实的东西是动的"。柏拉图,比较地讲,认为变化为堕落,抱着悲观的见解,而亚里士多德却以它为达到实现(realization)的倾向,看来较为乐观。但亚里士多德仍与柏拉图同样，以为完全实现了的实在，神圣的和究竟的实在，是不变的。即使叫它做“动”或“能”，“动”也是不知有变化的，“能”也是无所为的。它是永远踏着步而永不向那里前进的军队的动。

从这个恒常与转变的对照产生另一特质，将终极实在与实际生活的不完全的实在分开。哪里有变化，哪里就必有复数、有倍数，而从纷异又生出反对和竞争。变化就是更迭，或成为另一事物，于是也有差别。有差别就有区分，有区分就有两方和相互的斗争。转变的世界必是一个不谐和的世界，因为缺乏稳定就缺乏统一的支配。如果统一完全持续下去，这些东西也会保全一个不变的全体。改变的东西是有区分、有偏向的，不承认统一的支配，擅自主张其独立，而使生活变成竞争与不和的舞台。在另一方面，“终极”和“真有”既无变化，就是一体（total）、统括万有（all-comprehensive）而为一（one）。既然为一，则只知谐和而永享全善了，此之谓完满（perfection）。

知识和真理的程度是与实在的程度相照应的。“实在”愈高而愈近于完全，则关于它的知识亦愈真愈重要。化成的生灭的世界既欠缺“真有”，就不能对它有最高意义的认识。要认识它就必至忽略掉它的流转更迭，而只发现出那截断它的变异进程的一个恒常形态。栎实是经过一连串变化的，这些变化，只参照那虽然树形有差别，而整个栎类则相同的栎树的固定形态，才可以认识。而且这个形态截断生长流转的两端，即栎实从栎树生而又变为栎树的两端。这样能统一、能限制的永久形相如果不能发现，就只有无目的地流转和变异，知识是谈不到的。反之，事物愈接近于绝无运动的境地，则其知识愈明显、愈确实、愈圆满——纯粹无夹杂的真理。

天比地更易于真正地认识;神,不动的动原又比天更易于真正地认识。

从这个事实产生:静观的知识高于实用的知识,纯理论的思维高于实验,也高于依赖事物的变化,或引起事物的变化而获得的知识。纯粹的知识是由纯粹的谛视、察看和注意得来。它自身本是完全无缺。自身以外它不希望什么,它不欠缺什么,所以它没有目的,也无所企图。而最重要的就是它、就是它自己的存在理由。诚然,纯静观的知识是宇宙间自固、自足的,所以它是只可以归之于神的一个最高的属性,然而人,他自己,当他达到这个纯然自足的理论的洞察的难得的瞬间,也可得着这个神性。

与这样的知识相比较,工匠的所谓知识是劣等的。他必须使事物、木和石发生变化,这个事实就是他的材料欠缺实在的明证。贬损他的知识更甚的,就是它并非不关心地为知识而知识的那个事实。它与所得的结果衣、食、住等有关系。它与会消灭的事物、身体及其需要有关系。这样,它就有外面的目的,而这个目的自身就证明它的不完全,因为一切需要、欲望、爱好都表示着缺陷。哪里有需要、有欲望——如在实用的知识和行动的事例内——哪里就有不完全、不充实。公民的或政治的和道德的知识虽较职工的思想高出一等,但就它本身看来,也是低级而不真实的。道德的和政治的行动是实践的。这就是说,它包含着需要和满足这些需要的努力。它有本身以外的一个目的。而且结合(association)这个事实已表明它欠缺自足性,它表明要倚赖他人。纯粹的知识是自立独行的,能在完全自足的独立中运行的。

总之,知识价值的测定,依照已经略述过的亚里士多德的见解，是以知识所占纯粹静观的程度为准则。最高的程度是在终极的“理想的实有”，纯粹的“心灵”的认识中达到的。这是“理想的”，诸“形相的形相”，因为它无所缺、无所需，也无变化、无分异。它无愿望，因为它的一切愿望都已实现。它既然是完满的“实有”(perfect being)，它就是完满的“智”、完满的“福”(perfect bliss)——合理性和理想性的极峰。——再讲一点，这辩论就结束了。涉及终极实在(也是终极理想)的那种认识是哲学。哲学所以就是在纯粹静观中最后和最高的一个项目。无论其他种类的知识是怎样，哲学总是自固的。自己以外它是绝无关涉的，它既无目的，也无企图，更无作用。——除了成为哲学——即终极实在的纯然的自足的观照。固然犹有所谓哲学的研究这样事情，但绝不是完全的。哪里有学习，哪里就有转变和化成。但哲学的研究和学习的效用，如柏拉图所说，是使灵魂的眼光不要自满地专注意事物的幻象和有生有灭的低级的实在上面，而指引它到上天的永远的“实有”的直观。于是知者的心同化于其所知，而变其形相。

经过了种种变异的历程，尤其是新柏拉图学派和圣奥古斯丁(St. Augustine)，这些观念找到了它们的路，走进了基督教的神学里面，而伟大的经院思想家也说人的目的是在认识“真正的实有”，知识是静观的，“真正的实有”是纯粹“非物质的心灵”，认识它就是“福”，就得“救”。这个知识虽然在这一生或没有超自然的扶助是不能获得的，但既有所成就，则于其所造诣的限界内把人的心同化于神的本质，于是也可以得“救”。这个以知识为“静观的”的观念移植到欧洲的基督教去，就是于理论哲学绝不相干的许多人也受了影响。知识原只是实在的观照这个观念——知识的旁观者的见解——于是成了一个绝无疑义的公理相传到后代的思想家去。这个观念浸润到这样深,竟至科学的进步已证明了知识是改造世界的力量和有效的知识的应用已采取到实验法以后,仍然风行了几百年。

现在让我们由这个关于真知识的标准和真哲学的性质的概念径直转到知识的现在的应用情形去。现在如果有一个人,假如一个物理学家或化学家,要知道一个什么东西,他绝不会只在那里冥想"静观"。他无论怎样热心,怎样耐烦,总不会看着那个东西,盼望他从此就可以发见它的一定的特质。他不希望这样疏远地视察可以暴露什么秘密给他。他上前去试一试,加一点力量到那个物体去,看它怎样反应,他把它放在特殊的条件下,看它起些什么变化。天文学者纵不能变化天空的列星,他也再不会只向它们定睛看着。他自己纵不能变化那些星,他至少也能用透镜和棱镜变化它们射到地上来的光,他能用计窥探出平日所见不到的种种变化。他不会对于变化取敌视的态度,而以列星为有神性,是完全无缺的,于是否定它们的变化。他常常留意着要找出些变化来,以备作成一个关于天体构成和天体系统的推论。

总之,变化已不会被人家看作美德的衰落、实在的缺损,或"实有"的不完的表征。现代科学已不再在各种变化历程背后寻觅什么固定形相或本质。反而以实验的方法毁坏那些表面的固定性而挑起变化来。对于感官常常觉得没有变化的形相,例如种子或树木的形相,不是到事物的知识去的钥匙,只是一面墙壁,一个应予毁坏的障碍。所以科学家去实验,以种种作用配置在种种条件下,直到起了变化,直到有所获而后已。他说变化是永远进行着的,似乎是静止的事物也有运动，变化运动的历程既不显现到知觉来，要知道它，就要将那个事物移到新境地去，使它发生明显的变化。简捷地讲，我们所当接受、所当注意的，并不是原来已有的那个东西，而是放在许多不同的情况下，看过它怎样举动以后，才发现出来的另外一个东西。

这件事情现时标志着人类的态度已变化到比当初更普遍的一种情形。它表明于一定时间呈现出的世界，或其一部分，只可作为变化的材料予以接受或承认。它被接受是和木工接受木料一样。如果他只是为着它们本身的缘故而去注意它们，观察它们的，他就绝不会做木工。他只需观察、描绘、记录那些东西所表现的形态和变化就够了，就可以把它们搁在那里。如果那些木料忽然起了变化，成功一所房舍，固然是很好的。但他所以成为建造者实由于他察看那些木料不只就木料本身着想，他关心到他要对于它们做些什么和拿它们去做些什么，他在他的心目中自有一个目的，是否适于促成他所想望的一定的特殊变化，就是他所以关心他观察的木、石和铁的一个要因。他所注意的是它们自身所发生的变化以及它们使别的东西发生的种种变化，这样，他就可以选择那些变化，去作成他所期望的结果。他发见事物的性质，只靠着这些为实现他的目的而加诸事物的主动的处置。如果他放弃了他自己的目的，以为是应该谦虚地接纳事物的“真相”，而不肯以他自己的意思制御事物的“现状”，他就不但不能成就他自己的目的，也绝不会明白那些事物本身是什么。它们是它们所能做的，和能用它们去做的——能以精密的试验发觉出来的事物。

所谓知的正当方法这个观念的成效就是人对于自然世界的态

度的深刻的改变。在种种不同的社会的境遇下，较旧的或古代的思想有时产生卑逊和服从，有时产生藐视和回避的意念，有时，其显著的，例如在希腊人中，对于特别注意事物的一切特质产生犀锐的审美的好奇心。其实，把知识认为是察看和注视的整个观念，在环境美好、生活恬静的地方，基本上是与美的享乐和鉴赏相结合，而在生活困难、自然又凶恶而残忍的地方，基本上则是与美的厌弃和轻蔑相关联的。但跟着知识的主动的观念流行起来，环境被看作需加以变化以求真知的一种东西，人人就得到勇气而对于自然竟直采用攻势了。自然变成可以任意塑造的供人使用的东西。对于变化的道德的兴趣深刻地改变了。这个"变化"提起来，已不会引起人家的哀感，它已不再为不幸所旋绕，只讽示着衰败和丧失。变化对于新的可能和将来的目的是很重要的，它成了预示一个更好的将来的先知者。变化已与亏损或没落分离，而与进步联合。变化既然是无论如何都要起的，我们的要务就应该是充分地明白那些变化，俾我们得以掌握它们，将它们转到我们所期望的方向去。境遇和变故是不应逃避的，也不应消极地忍受下去，它们是要我们去领导，去利用的。它们是我们的前途的障碍，也是我们的成功的手段。就一种深刻的意义来讲，知识已不是静观的，而成了实用的。

不幸，人们，受教育的人，尤其是有教养的人，依然受着一个关于幽远而自足的理性和知识的旧观念所支配，于是就不肯理会这个学说的意义。他们以为当他们维持着传统的唯智主义的哲学——即自足和自固的一种知识——的时候，就是在拥护公平、彻底而无私的反省的动机。但实际上，历史的唯智主义(知识的旁观者的见解）纯是那些偏重知识的人们为着他们所致力的思想职业在实际上和社会上无能构造出来、借以自慰的一种补偿的学说。他们为境遇所限制被怯弱所阻遏而不能运用他们的知识去左右事变的进止，他们就找到了可心的退身所，把知识奉为至高至贵，而不许变化的和实用的事物和它接近而玷污它。他们将知识变作在道德上不负责任的唯美主义。认为知识或理智的性质为有效的或实用的那个学说的真意义是客观的。它说科学和哲学针对具体的日常经验的物件和事件而树立起来的组织和对象并不在彼方建立一个可以使理性的静观忻然安息的乐土，它说它们是代表那些挑选过的障碍物，物质的媒介和理想的方法，去指导那无论如何终需发生的变化的方向。

人类意向对于自然的这个变化并非表示人已不再存理想，或不再是主要以想象为特点的动物。但它确显示了人们为自己而模拟出来的理想境地的性质和作用的根本的变化。在古代哲学，理想世界主要是人躲避生活的暴风浪以求安息的一个海港，它是人逃出生存的困苦而以沉着坚定的信赖恬然退处的一个保养所。但当知识是主动的实用的这个信念深入人心以后，理想世界已不复是一个幽远隔绝的东西了，它反而成了刺激人们向往新的努力和实现的种种想象的可能的一个总汇。人们所遭困苦是引导人们去描画一个更好的境况的动力，这句话依然是真的。但这一张更好的画是要绘成可以做行动的工具的，而在古代思想里面“观念”却是属于本体世界的一个现成品。因此它只是个人所仰望或借以自慰的一个对象，而在近代，观念却是应该做什么事情和怎样去做的方法的一个暗示。

只举一个例解或者就可以说明这个分别。距离是障碍，是困难的本源。它隔绝朋友，阻碍交际。它令人孤立，令人难于接触，难于互相了解。这个情形惹起不满意、不安心，它鼓动想象去构造种种不为空间所妨害的人类交际的情状。这里可以有两条出路：一条是从一个消没了距离并以魔术使朋友们都可以永远心照的来往的天界的梦境，或者说从空中楼阁到哲学的省察。空间、距离于是成了纯现象的东西，或用现代的字眼讲，主观的东西。从形而上学方面说，它不是真的。于是它所给与的障碍和困难结局在实在的形而上学的意义里面也不是"真"。纯粹的心，纯粹的精神，都不存在于空间世界，在它们是无所谓空间的。在真的世界里面它们的关系是绝不受特殊顾虑所影响的。它们的交际是直接的、流动的、无碍的。

这个例解岂不是含着我们所熟知的所谓哲学化的一个讽刺么？如果它不是一个不合理的讽刺，它岂不是暗示着哲学在理想的和本体的或优越的真实世界方面所传授的许多东西，结局只是将一个梦想用貌似科学的名词来模成一个精致的辩证的形式？实际上困难、烦恼仍然存在着。无论在形而上学方面怎样，实际上空间依然是真的，——它以一定的可以作梗的倾向作用着。——于是人再梦想一个更好的境况。他从烦恼的事实逃避到幻想里去，但这一次，这个逃避的地方已不是永久的和辽远的保养所了。

这个观念成了一个立足点，由此可以检查现在诸事件，考察它们当中有无暗示远方交通怎样实现或有无可以利用作长途通话的媒介。这个暗示或幻想虽然仍是理想的，但已不是离开现世的一个高级的实在，而是在具体的自然的世界中可以实现的一个可能。

这样，它就成了检查自然事件的一个坛场。从这个可能的观点观察，事物便暴露出向来所未经发觉的性质。根据这些考核，所谓长途通话的某种机关这个观念就不像先前那样渺茫，那样浮泛了：它得了一个积极的形式。这个动作与反应接续着进展。可能或观念被用作观察目前现存事实的一个方法，而根据已发现的，可能性更加上了具体的存在形相。它已不像先前那样仅是观念、空想、所期待的可能，而更为切合于现实的事实。发明相继而起，最后我们就有了电报、电话，起初是用线的，后来竟至不用人为的媒介了。具体环境朝着所期望的方向改变了形态，它不只在幻想里而且在事实里也理想化了。理想是从它自己的功用，即作为具体的自然作用的观察、实验、淘汰和结合的工具或方法等功用而实现出来的。

让我们检查一下那些结果。划世界为两种"实有"的区别（一种是高等的，只有理性可以接近，而且性质上是理想的。一种是低级的，物质的，可变的，经验的，感官观察可以接近的）不可避免地要转到知识在性质上是静观的那个观念去。它假定理论与实际间的一个对照，而全然不利于后者。但在科学发展的实际进程里却起了一个惊人的变化。知识的应用已不再是辩证的，而成了实验的时候，知的作用偏重变化，而知识的证验则成了引起一定变化的能力。知对于实验的科学来说是一定种类的得到贤明的指引的行为，它已不复为静观的，而成为真正实用的。这表明哲学除了与科学的精神全然分离，还必须变更它的性质。它必须具备实用的性质，它必须成为有效的，实验的。哲学的这个变相在哲学发展途程上当过最高角色的两个概念中——"实在"和"理想"——分别起了一种怎样的大变化，是我们已经指出过的。前者不复为现成而终结的东西了，它成了需被认为变化的材料，或被认为所期望的某种特殊变化的障碍和方便的一个东西。理想的和合理的东西也不再做不能用作杠杆来改变现实经验世界的一个分离的现成世界和逃避经验的缺陷的一个保养院。它们代表着关于现在的世界所计虑得到的可以用作改造、改良它的方法的各种可能。

从哲学上看这确是知识和哲学从静观的转到效用的过程中的一个大分别。这个变化并不显示哲学的降格，从崇高的等级贬到鄙俗的功利主义。它表明哲学的主要任务在于将经验的可能加以合理化，尤其是集体的人类经验的合理化。这个变化的范围是可以根据我们离未造至的境地多远而拟定。人类虽有许多发明可以利用自然势力达到他们的意旨，但我们仍未能惯于运用知识作积极制御自然和经验的方法。我们总是抱着看画者的态度，而不取画画者的态度去想念它。于是哲学的专门学者所熟知的，尤其是使现代哲学与普通人的理解或科学的结果和方法相距甚远的认识论的一切问题发生了。因为这些问题都是起源于假定一边是一个谛视的精神，另一边是一个供静观的不相识的远隔的客体。他们所诘问的是那样分离、彼此独立的精神和世界，主体和客体，怎样能够互相生起关系来，以致真的知识可以成立。如果知是常跟着假说所引导的实验或某种可能的想象所引导的发明而被认作能动的、效用的，不须说，第一个效果就该是从现在麻烦着哲学的一切认识论的疑难解脱哲学。因为这些疑难都是从知识中的精神与世界、主观与客观的关系那个观念，或知识就是掌握既存的什么东西的那个假定而来的。

近代哲学思想已先为认识论的这些疑难和实在论者与唯心论

者或现象论者与绝对论者间的争辩所占领了，于是许多哲学家都以为如果分别本体与现象的形而上学的任务，和解答一个个别主体怎样能够认识一个独立的客体的认识论的任务被除去了，所剩下给哲学的还有些什么，是很难领会的。但除了这些传统的问题，哲学不就能专心于其他更有效、更紧要的任务了么？除了这些问题，哲学就不能鼓起勇气去对付人类所感受的道德的和社会的大缺陷、大困苦，就不能集中注意力去阐明这些不幸的本质和原因，以展开一个更好的社会的可能的显明观念了么？简单地讲，除了这些问题，它就不能设定一个观念或理想，不用以表示另一个世界，或一个渺茫的目标，而用以作为理解和矫正社会特殊弊病的方法了么？

这未免说得空泛些。但首先应当注意脱离了无用的形而上学和无效的认识论的，哲学的真领域的一个概念与前一讲所述哲学的起源是一致的。第二应当注意全世界的现代社会多么需要比现有的更普泛、更根本的启发和指导。我已讲过，静观的知识突然变成活动的知识，是现在进行研究和发明的方法的必然结果。但主张这个就必定也要承认，不，也要确认这个变化主要只是影响人类生活的技术方面。科学创造了工业的新技术。人对于自然势力的物理的统制无限地扩大了，物质的财富和繁荣的资源被制驭了。从前曾是不可思议的事物现在却已成为日常可以用蒸汽、煤炭、电力、空气和人体去做成的了。但很少人是十分乐观，而敢宣布对于社会的和道德的幸福亦已施行同样的统制。

哪里看得出可以与我们的经济成就相称的道德的进步？这个经济的成就是物理科学中所起革命的直接结果。但哪里又有与这个相应的人类的科学和艺术？不但知的方法的改善至今仍只限于技术的和经济的事项，而且这个进步却惹起了严重的道德的新纠纷。我只需举出最近的战争、劳资问题、经济的阶级关系以及新科学虽在医药和外科手术中奏了奇效而疾病和衰弱的机会反而加多的事实，就可以明白。这些考察暴露了我们的政治是多么不发达，我们的教育是多么浅薄幼稚，我们的道德是多么被动而缺乏生气。哲学产生的原因是由于想找出一个可代替盲目习惯和盲目冲动而为生活和行为的向导的贤明的替身，这种原因是依然存在的。这个企图还未做得成功。难道没有理由可以相信，从无用的形而上学和认识论的重负解脱哲学不是剥夺哲学的问题和论辩资料，而是另辟了一个途径，使它可以去解决最困难而又最重要的那些疑问？

让我就这个讲演所曾直接指出来的一个问题特别讲讲。静观的观念的真正有效的应用不在科学，而在审美的范围，是已经讲过的。除了对于世界的形相和运动有奇癖特好而绝不介意其功用的地方，美术的高度发展是很难想象的。而在美术的发展已达到高度水平的人民，如希腊人、印度人和中世基督教徒中间，都是静观的态度极盛的，这种说法并不过分。反过来，对科学的进步确曾有建树的科学的态度却是一个实践的态度。它把形相看成是所蓄作用的外装。它对于变化的兴趣是在它趋向什么，用它能做什么，它能充什么用？它将自然放在自己的支配下，它对自然的态度就有点强硬和野心，并不宜于世界的审美的享乐。的确在我们眼前没有什么问题比实用的科学和静观的美的鉴赏所持态度能否调和和怎样调和这个问题更为重要的。没有前者，人将成为他所不能利用又不能制驭的自然力的玩物和牺牲。没有后者，人类会变成一种经济的妖怪，孜孜向着自然追求利得和彼此推行买卖，此外就是终日无所事事，由于空闲而懊恼，或将它仅用于夸耀的铺张和越度的奢纵。

和其他道德问题同样，这件事是社会的甚至也是政治的问题。西方人走上实验的科学和它在自然制驭上的应用的路径，是比东方人早的。如果相信后者在他们的生活习惯里多存了些静观的、审美的和思辨的宗教的气质，而前者则多了些科学的、产业的和实践的，我想也不是全然属于想象。这个差别以及由此产生的其他差别，是彼此互相理解的一个障碍，也是彼此互相误解的一个根源。认真努力在它们的关系和适当的均衡上去融会这两个不同的态度的哲学，确可以令他们以彼此的经验互相增益其能力，并更为有效地共同致力于其丰盛的文化的任务。

现实和理想的关系问题曾被视为专属于哲学的问题，其实是难以置信的。人类的一切争辩中最严肃的已被哲学把持住，这一点不过是跟着以知识和智慧为自足的东西的那个见解所生出的不幸的另一证据而已。现实和理想从没有像现时这样嚣张、这样自擅。在世界史中它们也从没有疏隔到这样远。前次的世界大战是为着纯理想的目的——人道、正义和强弱同等的自由——而进行的，也是以应用科学的现实主义的手段，以强烈的爆炸器，和轰炸机，和奇妙的封锁机构，而进行的，以致世界几乎成了废墟，而使有心人忧虑到我们所谓文明的宝贵价值将亦不能永保。和平解决是用激动人的最深切的情感的种种理想的名义高声宣布的，但同时又以极端的现实主义态度注意按照可能造成将来纠纷的物力的比例，而分配的经济利益的诸条件。

有些人竟至以为唯心主义不过是掩护人们更有效地追求物质利益的一个烟幕，而改宗于唯物史观，是不足怪的。于是现实被看作物力，看作权力的感觉，看作利益和享受，无论什么政策，除了用作巧妙的宣传和用以驾驭未得现实主义超度的人们的诸要素以外，凡是涉及其他因子的都是基于幻想。但其他的人又同样地相信那个战争的真教训是人类在开始他的第一步去培植自然科学并运用科学的结果去改善生活工具——工商业——时，就已铸成了一个大错。他们叹息着，希望旧时代的再来，在那个时代，大众虽像野兽一般生，一般死，但少数特选人士不致力于科学和生存的物质的安宁和畅适，而致力于“理想的”事物，即精神的事物。

然而最明显的论断似乎还是任何一种理想如果是泛泛地、以抽象的概念来宣扬，就是说，拿它作为离开微妙而具体的存在而自为一物，并以活动的可能付与那些存在的东西来宣扬，就变成无力和有害。真道德似乎是在于大力宣示那相信一个本来独存的精神界的理想主义的悲剧和那对于力量与效果的最现实的研究，即比公认的“现实政策”还要精微、还要圆满的一种研究的悲剧的需要。因为采取近视的见解，牺牲将来以济目前的窘迫，蔑视不如意的事实和力量而夸张与目前的欲望相适合的事物的持久性，都不是真正现实主义的或科学的。说那个情势的不幸是由于没有理想而发生，是错误的；那些不幸是由于错误的理想而发生的。而这些错误的理想则又由于在社会事件上我们缺乏对“真实的”和有效的各种条件进行条理的、系统的、公平的、批判性的研究，那种“真实的”和有效的条件在技术领域内曾引导人们去支配自然力，并且我们称之为科学。

哲学，再说一遍，不能“解决”理想和现实的关系问题。那是人生永远的问题。但它能从哲学自身所作成的种种错误——离开转成新的和别的东西的运动而是现实的诸状态的存在，以及理想，即独立于物质和自然的可能以外的精神和理性的存在——解脱人类，至少能够减轻人类在处理这个问题时所负的重担。因为人类已陷于这个极端虚妄的偏见，他就总是瞎着眼睛，捆着手脚，向前走。而哲学，如果它要做，就能够在这种消极的工作以外得到更多的成就。如果它弄清了仁厚而诚实的智慧应用于社会事件和社会力量的理解和观察，是能够做出既不会成为错觉又不会成为纯感情的补偿的各种理想或目标，它就能够使人类在行动上的措置可以得当。

第六章　论理改造的意义

论理——和哲学本身一样——也感到奇妙的动摇。它曾被抬举做最高的和立法的科学，但又曾陷于像"甲是甲"那样的记述和经院派推论规则的韵语的保管者的低微地位。它根据以它所研究的是思维的法则，而世界又为绝对理性遵照着这些法则而造成为理由，要求陈示宇宙的基本构造法则的权力。后来它又压缩了它的主张，说它所研究的只是些无关事实或物体的正误而自然真确的推理法则。近代的客观唯心论者认为它是古代实在论的形而上学的适当代替者，但别的人又把它看成是教人精于辩论的修辞学的一个分支。有一个时候曾以穆勒（Mill）从科学家的实践中吸取出来的真理发见的归纳论理去补充中世纪从亚里士多德吸取的形式论理，而得了一个表面妥协的均衡。但德国哲学的研究者，数学和心理学的研究者，虽曾互相攻击得很激烈，却也一致地向着正统论理学的演绎的证明和归纳的发见两方面进攻。

论理学呈现着一个混乱的情景。它的主题、范围或目的几乎都不得一致。这个不一致并不是形式的、名义的，而是影响一切问题的处理方法。试拿一个如判断的性质那样的基本事件来讲讲。我们可以引用名家将各种可能的异说尽列出来。判断是论理学的中心，但判断又全然不是论理的，而是个人的、心理的。如果是论理的，它就是概念和推论所从属的基本作用，而它又是概念和推论的后果。主词和宾词的区别是必要的，而又是不适当的，又或这个区别虽则有例可考，也没有什么重大的意义。甚至在那些主张主词宾词的关系是本质的的人们中间，有人说判断是未有主词和宾词以前的某种事物的分析，也有人说它是集主词和宾词而为另一事物的一个综合。有些人以为实在常是判断的主词，又有人则以为"实在"是和论理没有关系的。在否认判断为宾词对于主词的归附，而承认它是原素间的关系的人们中间，有人说这个关系是"内面的"，有人说它是"外面的"，也有人说有时是属于内，有时是属于外。

如果论理是无关实际利害的一桩事体，这些矛盾虽是很多、很大，而至不能调解，也可以一笑置之。如果论理是有实际效果的，这些矛盾就很严重了。它们证明这种知的背驰和异致是有一个深奥原因的。其实，现代的论理学说确是一切哲学派别和争论所聚会和集中的要地。在经验与理性、现实与理想的关系的传统概念中所起变化，怎样影响伦理学呢？

第一，它影响到论理学本身的性质。如果思考或智慧是立意改造经验的手段，那么论理学作为思考进程的一个记述，就不是纯形式的。它并不限于无关所论事件的真伪而在形式上正确的推理法则，而它又不像黑格尔（Hegel）的论理学那样，研究宇宙的内具的思维结构，或像洛宰（Lotze）、博山克（Bosanquet）和其他认识论的论理学者那样，研究人类思想对于这个客观的思维结构的逐渐逼近。如果思考是使经验改造得以审慎推行的途径，论理学就是使所期改造可以成为更省事更有效的思考进程的一个清晰而有条理的方式。以论理研究者的常用语来讲，论理是科学也是艺术。从它对于思维的实际进程所作的有组织和证验的叙述这一点看，它是科学，从它在这个叙述的基础上规定各种方法使将来的思考趋向成功、避免失败这一点看，它是艺术。

这样，论理学是经验的或是规范的，是心理的或是法程的，那个争论就可以解决。论理学是兼有两面的。论理学是以实验材料的切实的和便于执行的供给做基础。人们已思考了许久，他们用种种方法去观察、推求和讨究，并且得到种种结果。人类学、神话、传说和祭祀的起源的研究，语言和文法，修辞学和前人的论理作品，告诉我们，人们曾经怎样思考过，各种思考曾以什么做目的而得了什么结果。心理学，无论是实验的或病理的，关于怎样思考和结什么果曾提供了许多重要知识。尤以各种科学发展的记述对于那些或是成功或是失败的各种具体的研究方法和试验方法有所启示。由数学以至历史，每门科学各就它所研究的特殊资料提出各种错误的和有效的方法。论理学于是获得经验的研究的一个广大而几乎无尽藏的原野。

从来都说经验只告诉我们，人过去怎样思考，现在怎样思考，而论理学则研究规范，研究人应该怎样思考，真是愚蠢得可笑。有些种类的思考已由经验证明是没有归宿的，或更甚于没有归宿——而陷于虚妄和谬误。有些已在显著的经验里证明它们引到有效的和连续的发见去。研究和推论的各种方法的各种效果分明在经验中已证实了。反复申述经验的叙述“是什么”和规范的说明“应该是什怎”之间的区别，只是忽略了经验所明示的最重要的事实——成功和失败，即良好的思考和恶劣的思考的显明表示。重视这个经验启示的人,不患资料短少,无以作成一种“法程的”技巧。对于实际思考的经验的记录研究愈渊博,曾经失败和成功的思考间所存特质的关系也愈明显。由以经验确定了的这个因果关系就生出思考术的规范和法则。

数学常被引为是本于先天的法式和超经验的资料的纯规范思考的例证。但从历史方面研究这个问题的学者何以能避免数学的地位和冶金学一样是经验的那个结论,却令人难以明白。人们开始计算和度量东西正和他们开始捣碎和融化东西是一样的。俗语说,根据一事可以推见另一事。某种方法成功了——不但在目前的实际意义里,而且在触发兴致、引起注意、鼓动尝试,以促进改良和进步的意义里,也是成功的。现今的数学论理学家或以为数学的结构是突然由具有纯论理构造的宙斯(Zeus)的脑袋里跳出来的。然而这个结构却是长久的历史发展的一个产品,在这种发展过程中,曾进行过各种试验,有些人朝这个方向走,有些人朝另一个方向走;有些实习和操作陷于混乱,有些得到了成功的清理和有效的发展;这是一个根据经验的成败经常选择和改良材料和方法的历史。

所谓规范的先天的数学结构其实就是长年辛苦的经验所获得的成果。冶金学家对于矿石的研究实际也是一样。他也将过去曾被认为奏效最大的各种方法加以拣选、修正和组织。论理对于人类具有深刻的重要性,正因为它是由经验得来,而由经验施诸实用的。这样看来,论理的问题不外是在立意改组经验的研究发展和使用明智的方法的可能的问题。即使多叙一笔,说:这样的论理在数学和物理科学范围内虽已发展起来,而在道德的、政治的事件中以此为明智方法(即论理)的尚未见显著,也不过是以普通形式讲过而用特殊形式再说一遍而已。

让我们不加讨论就假定论理学的这个观念,进而讨论它的几个特质。第一是思考的起源对于将成为经验指导的明智方法的论理学所投射的光明。先前已经讲过,经验自始是关系行为、关系感觉运动的事类,而思考则从经验中引起纷繁困恼的特殊竞争而发生。人们在他们的自然状态,既无烦恼需自洗脱,又无困难需自制伏,是不会思考的。安逸、不劳而获的生活,就要成为一种无思无虑的生活,也会成为一种肆应而无所不能的生活。思考的人是生活受压迫、受束缚,而至不能直接以其行动而操胜算的人。人们遇着困难的时候,如果要遵照权力者的命令而行动,也不会自己去思考。军人是有许多困难和束缚的,但作为军人而言(如亚里士多德所说)就不是著名的思想家。思想已有人替他们做好了,有官长替他们思想。在现在的经济条件下,大多数的劳动者也是一样。所谓困难生思考,实只在非思考不能脱出困难和非思考摸不着解决途径的时候。凡是外界权威统治的地方,思考就被怀疑,就被憎厌。

然而思考不是解决个人困难的唯一途径。先前已经讲过,梦想、幻想、感情的理想化都是逃避困难和矛盾的道路。据现代心理学说,许多有条理的妄想和心病,例如神经过敏症,是发源于为解脱纷繁困恼而起的种种计虑。这样的考察阐明了因应付困难而起的思考所含的几个特质。刚才所讲那些简捷"解决",并非解脱纠纷和问题,只是解脱关于这些纠纷和问题的情感而已。它们遮盖着它的意识,因为纠纷在事实上依然存在,而在思念中则已避免,于是产生错乱。

是以思考的第一个特质是面迎事实——考究，精细而广博的检查和观察。妨害思考进行(反映和以程式记述这作用的论理)顺遂最甚的，莫如视观察为思考以外的和思考以前的事情，和视思考为不包括新事实的观察作其一部分而能展布于头脑中的事情的那个习惯。凡想接近这样"思考"的，都是想接近刚才所讲的那个回避和自欺的方法。它以一串与感情相投并与理性一致的意义，代替对引起纠纷的情势的特征的考究。它倾向于所谓智的梦游病的那种唯心论。它产生了一个远离实际，而不以应用检验他们的思考的高高在上、不负责任的思想家阶级。这个情形助长了理论与实际的不幸分离，使一方不合理地偏重理论而另一方则不合理地轻视它。它认为日常实务是粗野的，是死板的常规，正因为它将思考和理论搬到一个隔离的、高贵的领域。这样，唯心论者就和唯物论者竟然同谋将现实生活弄得贫乏而不均了。

思考与事实的分离，促进那种只堆积粗陋事实、斤斤细故，但永不考究它们的意义和效验的观察——这是一件安全的工作，因为它绝不考虑运用所观察的事实去决定变更所遇情势的计划。反之，作为改造经验方法的思考，是把事实的观察看成是解释问题、勘定纠纷所在、确切地而不仅是模糊的情绪，他感到困难是什么，和困难在什么地方的不可缺少的步骤。它不是无目的、无选择、杂乱无章的，它是有主旨、有特色，并为所遭纠纷的性质所限定的。它的主旨在于明确那被扰乱而致混沌的情势，以期发现所当取的应付途径。当科学者无目的地从事观察的时候，也不过是因为他爱找问题做他研究的资料和向导，于是极力在剔抉那不露在表面的问题而已：我们以为他是在自寻烦恼，于纠葛中求满足。

是以具体事实的特殊的和广博的观察常常不只是顺应某一问题或困难的感触，而且是顺应那个困难的“意义”的漠然的识别，就是说，顺应那个困难在尔后的经验中所蕴蓄或所指示的关系。它是未来的事件的一个预想或先见。我们说“悬而未解”的纠纷，是很对的，当我们观察那纠纷的征状，我们是同时想望着、悬揣着——简单地说，缔构着一个观念，逐渐解析出意义来。当那纠纷不但是悬而未解，而且紧迫到临头的时候，我们就被压倒。我们并不思考，只是忧愁。引起思考的纠纷，是尚未完成而正在发展的纠纷，是在已发现事物能用作推断未来事物的标志的那种场合的纠纷。当我们明智地观察时，我们说，是领会，其实也是惶扰。我们警醒地注意将来的事。好奇、考究和查察指向着已经过去的事件，也指向着将来的事件。对于已往事件的兴味，就是要得着可以推断未来事件的证据、指标和征兆的兴味。观察就是诊断，而诊断则包含期待和准备的兴味。观察使我们预先定好一个应付态度，以免猝然遇困而不知所措。

不曾存在的事物，只是预想或推论的事物，是无从观察的。它没有事实的实际情势，没有依据，没有缘由，只是一个意思、一个观念。观念若非妄想，若非由情绪化了的希图逃脱和躲避的记忆所作成，就是由于正在发展的事实的考察而唤起的关于未来事件的预想。铁匠注意他的铁，它的色泽和结构，以获得它正在变作什么东西的证据。医师诊察病人，以发觉在朝着一定方向变化的征候。科学家留心他的实验材料，以掌握在某种情况下会发生什么事体的一条线索。所谓观察不是以它本身为目的，而是要获得证据和征兆的一种探究，这就表明除了观察还有推论，预想——简单地说，观念、思考或概念。

在一个更为专门的条理脉络里，查看所观察的事实和所设定的观念或意义的这个论理的关系，对于若干传统的哲学问题和疑难（包括关于判断中的主词和宾词的问题、知识中的主观和客观的问题、概括地说“现实”和“理想”的问题）有什么启发，是值得花些时光的。但现在我们只能指出，关于所观察的事实和所设定的观念在经验中的相关的起源和作用的这个见解，使我们看到它对于观念、意义、概念或特别用以表示意识作用的任何名目的性质，所波及的若干重要影响。因为它们是可以发生或终须发生的某种事件的示意，它们是——像我们在理想的场合所常见的——应接正在进展的事物的驿站。发觉他的困难原因是压着他的一辆汽车的人，并没有得到安全的保障；他的观察、忖度可能太迟了。但如果他的预期的意念来得及时，他就有所凭借去设法避免这个危险。因为他预知这个临到头来的结果，他就可以设法扭转当时的局势。一切精明的思考就是行动自由的扩大——从偶然的机会和命运解脱出来。“思考”代表应付途径的提示，而这种应付途径却与精明的观察对于将来的推论尚未得到结果而采取的那一种是不相同的。

志在得到一定结果的行动方案，应付程式——如铁匠以某种形相付与所熔化了的铁，医生治疗患者使他易于复元，科学的实验者作出可以应用于其他事件的结论——在未以事件的结果证验过以前，以事件的性质论，是试验的、不确实的。关于真理的学说的这个事实的意义可以以后再谈，在这里留心所有概念、学说、系统，

不管它们怎样精致、怎样坚实,必须视为假设,就已够了。它们应该被看作证验行动的根据,而非行动的结局。明白这个事实,就可以从世界除去死板的教条,就可以晓得关于思想的概念、学说和系统,永远是通过应用而发展的,就可以责成人们务必注意这些东西,看它们有什么是表示应行改变的,找机会宣扬它们。它们是工具,和一切工具同样,它们的价值不在于它们本身,而在于它们所能造就的结果中显现出来的功效。

然而研究却只有在求知的趣味发展到思考本身附带可贵的东西,并且有它审美的道德的兴致时,才得自由。正因为知不是深壁自守、独了其事的,而是改造境遇的工具,是以往往有被用来维持成见或偏执的危险。于是省察就不能完全无缺。既预定了必须得到某一特殊结果,它就不是真诚的。说一切知在它自身以外另有一个目的,是一件事,说知的发动预定了必须达到的一个特殊目标又是一件事。说思考的工具性是为着得到个人所追求的片面私利而存在,更是错误。对无论什么目的的任何限制都是思考历程的限制。它表示思考还没有充分成长和运动而被缚束、牵制、受了干涉。只有目的在考究和验证的进程中而发展的一个情境,才是尽量促进知的情境。

这样看来,公平无私的研究绝不是说知识是深壁自守、不负责任的。它意谓着没有预先立定一个特殊目的将观察的活动、观念的构成和应用闭藏起来。研究是已解放了。它受到鼓舞去注意关于确定问题或需要的种种事实,并追求提供线索的种种暗示。阻碍自由研究的事物很多、很强,因此,研究工作能自成一种愉快赏心的事情,或能挑引人的竞技本能,是至可庆幸的。

思考受社会习俗确定的目标的抑制除去了，劳动的社会分工发展了。研究就成了一部分人的终身事业。但这个不能证明学说和知识是以它们本身为目的，只在表面似乎是这样而已。对于一部分人，它们是以它们本身为目的。但这些人代表劳动的一种社会分工，而他们的专业化，只有在这样人与其他社会职业通力合作，对于别人的问题深感兴趣，并将所获结果转达别人，俾于行动中广泛应用时，才可信赖。在特别从事于知的事业的人们的这个社会关系被忘记了，而其阶级沦为孤立的时候，研究的刺激和目的自亦消失。它堕入无用的专业化，流为对于社会漠不关心的人们所做的一种理智上的冗务。琐细科目在科学名义下堆积起来，难解的辩证论的诸体系因而出现。于是这种业务在为真理而求真理的高尚名义下得到"合理化"。但当真科学的栈道被夺还时，这些事物被扫在一旁，也就被人忘掉。它们显露出一向都是那些不中用而无责任的人们的玩物。公平无私的研究的唯一保证，是研究者对于所与交处的人们的问题和需要有了社会的敏感。

工具说既重视公平无私的研究，与若干批评家的印象相反，对于演绎的方法极力推崇。因为有人说过概念、定义、概括、分类和引申的推论的发展等的认识的价值不在于它们本身，就以为那些人轻视演绎的作用，或否认它的效果和必要，这是很奇怪的。工具说只不过想详细说出其价值的所在，以免找它的人走错路。它说知是起自明了问题内容的特殊观察，终于验证其解决方案的假设的特殊观察。但它又说最初的观察所提示和最后的观察所验证的观念和意义本身需要谨慎的考究和长期的发展，工具说就不应受人反对。说机关车是一种媒介，说它是经验的需要和满足的居间调处者，并不贬损机关车的小心而精巧的构造的价值，或减少为改善它的构造所专用的附件和方法的需要。亦唯机关车在经验中是一个居间调处者，不是元本的，也不是究竟的，故对于它的建设的发展无论怎样留心，总不至于过度。

像数学那样的演绎科学标志着方法的完成过程。一种方法，在研究它的那些人，本身就是一种目的，这事并不比制造一种器具要有一种特设专业，更令人惊异。发明和完成工具的人很少是使用器具的人。但物的和智的工具确有一个很大的差别。后者的发展实超出直接而明显的用途。将方法本身做到完全的那种艺术的兴趣是浓厚的——犹如文明时代的日用器皿本身可以成为最精的艺术作品。但从实用的观点看，这个差别表示智的工具在效用上较为优胜。只因为它不是在心目中预定了一种特殊应用而后造成的，因为它是极普通的工具，所以它对于未曾预知的用途也可以自由适用。它能用以处理从未料及的种种问题。心对于一切智的变故在事前是有准备的，当新问题发现时，它无须等候到一个特殊工具造好。

更确切地讲，如果一个经验要是在别个经验也可以适用，抽象是少不了的。每一具体的经验在整体，都是独一无二的，它就是它自己，绝不会有重复。从它的充分具体的性质看，它不提示什么教训，也不放射什么光明。所谓抽象，就是从具体经验中选出某一面，借它的帮助掌握其他事物。以它本身而论，它是一块断片，是它所从出的活的整体的一个贫乏的替身。但从目的论或实用的观点看，它是一种经验能利用到其他经验去的唯一途径——能够得到一种启发的唯一途径。所谓错误或悖谬的抽象论，是指这个断片的功用被忘却或忽略了，以致只就它本身便论定它是比之它所由而抽出的那个混浊而乱杂的具体事象高出一等。由功用而不由构造和静态看，所谓抽象，就是从一种经验分出某事物以便移转到别个经验的意思。抽象即解放。一种抽象越是理论的，越是抽象的，或离在具体情态中所经验的东西越远，则越适于处置以后可能发生的无限驳杂的事物中的任何一个。古代的数学和物理学较诸现代的数学和物理学更为接近那粗糙的具体的经验。为了这个缘故，它们在帮助人对于那些在预料不到的新形相中出现的具体事物的洞察和支配是无能为力的。

抽象和概括常被认为是亲近的戚属。可以说它们是同一作用的消极和积极的两面。抽象是使某因素得到自由而可以使用。概括就是那个用处。它推广并伸张出去。它在某一意义上讲是暗中跳跃。它是一种冒险。从一个具体事物撮取出来的能否有效地引用到别一个特殊事物，事前是不能保证的。别的事物既然都是一个个具体的事物，它们就必然各不相同。所谓"飞"的一种特性从具体的鸟产生的。这个抽象后来推广到蝙蝠去，而这个性质的适用更预想到蝙蝠还有鸟的若干特性。这个小小的例子说明概括的本质，也证示这处置的大胆。它将既往的一个经验的结果转移、引申、适用到新经验的接受和解释去。演绎的历程纵能将这个增益和指导的作用所由运行的诸概念解明、限定、净化、整顿起来，但这些演绎无论怎样完满，绝不能保证其结果。

在现代生活中组织的实用价值被看得这样重，关于分类和系统的工具意义似乎没有细述的必要了。当性质的和固定的物种的存在被否定了，不能成为知识的最高对象时，分类往往被人，尤其

被经验学派,看成是单纯的语言的技巧。有概括若干特殊事物的词或字对于记忆和交谈是很便利的。类原只假定在言语里面,后来观念被认为事物和文字间的一种不易描摹的第三者,类就成了存在心意中的纯精神的事物。经验论的批判的处理在这点上说得很明白。以客观性付与类,就是鼓舞对于永远的种和玄妙的本质的信念,并以武器补助已经衰落的和人所厌恶的旧学——是洛克所已说明的见解。一般观念对于劳力的节省是有用的,使我们可以将特殊经验凝结为简单而便于搬运的包裹,使它更易于辨认各种新的观察。

名目说(nominalism)和意想说(conceptualism)——以为种类只存在于言语或意念里的那种理论——走的路是对的。它注重系统和分类的目的论的性质,说它们是为达到目的的途程中的经济和能率而存在。但因为经验的主动的和行的方面被否认或忽略了,这个真理就沦为谬想。具体的事物原有种种动作的方式,它们和其他事物互相作用的接触点有多少,动作的方式就有多少。例如,一个东西在某种别的东西面前是无感觉、无反应的、只是蛰伏着,而对于其他事物则机警、奋竦而取攻势,再在第三个场合则只是顺受驯服。这些行动的各不相同的方式虽有无限差异,但在对于一个目的的共同关系上是可以归为一类的。明白道理的人断不会样样事都要去做。他有一定的主要目的和兴致,使他的行为互相联系而有效。有了目的就是加以限制、选择、集中和配置。于是按照行动的方式与所追求的目标间的关系而选择组织事物的一个基础由此奠定。樱树的归类因木工、园艺家、艺术家、科学家和鉴赏家而相异。因执行不同的意图,对于树那方面的动作与反应也要有不同的方式。假如注意到目的各有不同，那么各种分类都可能是同样妥当的。

然而特种分类的好坏却有一个纯客观的标准。某一分类可以促进木器工达到目的，而另一分类可以妨碍他。某一分类可以帮助植物学者有效地进行研究工作，而另一分类可以耽搁他、扰乱他。所以关于分类的那个目的论的学说不一定就会使我们接受“类是纯言语的或纯心意的”那个观念。任何技术的组织，包括研究技术在内，都不只是名目或意想，和百货店或铁道系统的组织是无异的。处理事物的需要，供给客观的标准。事物必须分别整理起来，以增进处理事务的成效。便利、经济和效率是分类的基础，但这些东西都不限于和别人的言语交换，也不限于内心的意识，它们涉及客观的行动，它们必须在外界获得效果。

同时，分类也不是先已存在于自然界的现成部署的誊本和复写，却是用以攻打将来和未知事物的兵器的库藏。为要成功起见，过去的知识细目必须由单纯事实还原到意义去，这种意义愈少、愈简而外延愈广，则愈好。它们必须有充分广阔的范围，以资研究怎样可以对付那预料不到的现象。它们必须安排妥帖不至重复，否则当它们被应用到新事件的时候就会自相抵触，产生混乱。为了在处置所遇到的形形色色的事件时使行动顺利而经济，必须能够敏捷而确切地更换所用的攻击器具。换句话讲，各种类别必须整理成由更广泛而至更特殊的有次序的安排。不只要有街道，而街道又必须便于互相交通。分类能把经验的荒废的隘巷，变成秩序整然的道路系统，增进研究的转运和传递。人们一想到将来，预先准备去有效地和顺利地应付它的时候，演绎的诸作用和它们的效果就占了重要的地位。各种实业都有需要制出的货物，凡是减少材料的浪费和增进生产的经济和效率的都是宝贵的。

现在已只剩下很少时间说明实验的和机能的论理所赋予真理的性质了。这全然是由思考和观念产生的一个系论，因此也无须过虑。如果关于思考和观念的理解能够领会，真理的概念自然可以推寻出来。如果不能明白，无论怎样述叙关于真理的学说总免不了混乱，而那学说本身也不免武断和悖理。如果观念、意义、概念、学说和体系，对于一定环境的主动的改造，或对于某种特殊的困苦和纷扰的排除确是一种工具般的东西，它们的效能和价值就全系于这个工作的成功与否。如果它们成功了，它们就是可靠、健全、有效、好的、真的。如果它们不能排除纷乱，免脱谬误，而它们作用所及反致增加混乱、疑惑和祸患，那么它们便是虚妄。坚信、确证、凭据，系于作用和效果。美的行为胜过美的外貌。你们看他们的结果就可知道它们。真正指导我们的是真的——经证明能作这样的指导的功能正是所谓真理的正确意旨。副词“真”truly 较诸形容词“真”true 或名词“真”truth 都更为重要。副词表示行为的状态和模样。观念或概念是根据一定途径行动得以清理某一特殊情境的一种要求、主张或计划。当那要求、主张或计划得到施行的时候，它真正地或错误地指导我们，即它指引我们向着我们的目标去抑制或离开它。它的主动的、能动的功用是最重要的东西，它的正误真伪都包括在它的活动的性质里面。能起作用的假设是“真”的，所谓“真理”是一个抽象名词，适用于因其作用和效果而得着确证的、现实的、事前预想和心所期愿的诸事件的汇集。

关于真理的这个概念的价值既完全系于先前所述关于思考的

说明的正误，那么，考察这个概念何以会受人厌弃便较诸只就它自身去解释它当更有用。它为什么被人憎恶，这个理由的一部实在于它的新奇和对它的说明中的缺点。例如当真理被看作一种满足时，常被误会为只是情绪的满足，私人的安适，纯个人需要的供应。但这里所谓满足却是观念和行动的目的和方法所由产生的问题的要求和条件的满足。这个满足包含公众的和客观的条件。它不为乍起的念头或个人的嗜好所左右。又当真理被解作效用的时候，它常被认为对于纯个人的目的的一种效用，或特殊的个人所着意的一种利益。把真理当作满足私人野心和权势的工具的概念非常可厌，可是，批评家竟将这样一个意想归诸健全的人们，真是怪事。其实，所谓真理即效用，就是把思想或学说认为可行的拿来贡献于经验改造的那种效用。道路的用处不以便利于山贼劫掠的程度来测定。它的用处决定于它是否实际尽了道路的功能，是否做了公众运输和交通的便利而有效的手段。观念或假设的效用所以成为那观念或假设所含真理的尺度也是如此。

除了这种浅薄的误解以外，使人不易接受这种真理见解的最大障碍就是那深入人心的古代传统的因袭。存在(existence)分为两大界，上界是完全的实在，下界是外观的、现象的、不完全的实在；而真伪也跟着这个区别成为事物本身的固定的、现成的、静的性质。至上的“实在”是真的；低级的不完全的“实在”是假的。它自命有实在性，但不能证实有这种性。它是诈伪、瞒骗、不值得信赖和信仰的。信仰所以错误，不是因为它引人走入迷途，不是因为它是错误的思考法。其所以错误，是因为它容许依附虚伪的存在或实体。别的概念所以真，因为它们确与真“实在”——圆满终极的“实在”——有关涉。这样一个见解深藏在曾经接受(无论怎样地简接)古代和中世传统的每个人的头脑里面。而实用主义的真理说对于这个见解却激烈地挑起衅来,调和妥协是不可能的,这恐怕就是那新说所以至于引起震动的原因。

但这个对照形成了这新说的重要性而又于无意中妨碍了这新说的传授。旧思想实际使真理和权威的教义合一了。特别重视秩序的社会认为生长是痛苦的,认为变化是烦扰的,必然是要求得一个优越的真理的固定体以为凭依。它回头走向现成事物,去找真理的本原和证明。它退回已往的、先前的、原始的、先天的事物去找保证。往前看,提防意外事件、观望后果等念头,总是发生不安和恐怖。它扰乱那随伴着现成固定的“真理”观念的安定的心境。它把探究、不息的观察、假说的精细的发展和透彻的试验等责任的重担加在我们身上。在物理的事体,人们已慢慢地习于认为真的就是已证实的一切特殊信仰了。但他们仍不敢断然承认“真的就是证实了的”的含义并从中引申真理的定义。因为他们在口头虽已承认定义应从具体的特殊的事件发生,而不应凭空造成加在特殊事物上,但仍很奇怪,人不愿依照这个准则去下真理的定义。“真的就是证实了的”这个认定的普遍化,使人们负责放弃政治的道德的信条并将它们所蓄的偏见委诸效验的检证。这样一个变化在社会里惹起权威的地位和决断的方法的大大的变革。这些变化的某些是新论理的最初结果。将在以下几次讲演中讨论。

第七章　道德观念中的改造

科学的思考方法上的改变对于道德观念的冲击，大致是明显的。善和目的加多了。规则弛而为原则，原则又变而为理解的方法。伦理学说在希腊人中间起初是要找出一个具有合理的基础和目的而非从习惯得来的生活行为规则。然而代替习惯的理性仍需负责供给与习惯所曾赋予的一样的不可移易的目标和法则。自是以后伦理学说就很奇妙地受了催眠，竟以为它的任务是要发见一个究竟目的，或至善，或一个至高无上的法则。这是纷纭不一的诸学说的共同点。有些人认为这个目的是对于上级权力或权威的忠诚或驯服，他们对这个高等的主体的见解各不相同，有的以为是神的意旨，有的以为是世间的统治者的意志，有的以为是体现优异者的意趣的制度的维持，有的以为是义务的合理的意识。但因为他们有一点是共同的，就是承认法则的独一的和最后的源头，所以他们是各异其道的。又有些人说根据立法权求道德是不可能的，它是要在原本是善的诸目的里去寻找的。于是有些在自我实现里，有些在清净里，有些在幸福里，有些在快乐的最大总量里，去寻找这个善。但这些学派亦同意有一个独一的、固定的和最后的善的假定。他们所以能彼此争论只是因为他们有一个共同的前提。

那么，要脱离这个混乱和冲突，是否就要详审这个共同的元

素，以穷究它的本源呢？独一最后和至上（不论它是善或是有权威的法则）的那个信念，是否就是历史上已衰灭的那个封建制的理智的产物，和在自然科学上已消失的，以宇宙为有边际、有等级，而在它里面静是胜于动的那信念的一个理智的产物？理智的改造的现在的界限在于它至今尚未切实应用到道德的和社会的训练中去，是已反复提起过了的。这个理智的改造要应用到道德的社会的范围去，是否就要我们更进一步去信受那些变化、运动、个别化了的善和目的的多样性，去信受那些原理、标准、法则就是分析个别的或单独的情境的知的工具。

断定各个道德的情境是一个独一无二而有其不能交换的善性的，似乎太笨而且荒谬。何则，已定的传统教导我们，正因为特殊事件的参差不齐所以行为必须由普遍的原理指导，并且道德的本质在于自愿用一种固定的原理审定每个特殊事件。从而以普遍的目的和法则隶属于具体的情境，必然就会引起大混乱和无限的放纵。但我们还要依照实用主义的规则，根据观念的结果决定观念的意义。具体情境的独一的和道德的终极性质的首要意义，是将道德的重量和负荷转移于智慧上去，这是令人惊奇的事。这并不是毁弃责任，只是勘定它的位置。道德的情境是在公然行动以前须要判断和选择的一个情境。这个情境的实际意义——就是说要来满足它的那个行动——不是自然明白的，是要寻找的。有互相反对的欲望，也有不能两全的善行。所需要的是去找出行动的正路和正善。所以考究是必须的：情况详细构成的观察，各种因素的分析，幽暗部分的澄清，折衷顽强而昭著的特质，追踪各种行动方式所暗示的结果，认为所得决定在所预期或所推想的结果（即此决定所以被采用的原因）与实际结果相合以前是假设的和尝试的。这个考究就是智慧。我们的道德的失败实由于禀质的薄弱、同情的缺欠，以及我们轻率或自用地对于具体事件下判断的那种偏颇。广博的同情、锐敏的感性、对于不快意事的忍耐，令我们从分析而审慎决定的诸利害的权衡，这些都是清清楚楚的道德的特性——美德或道德的美质。

这个问题与物理研究所已得到的完全一样，这是值得再加留意的。在物理研究上，久已相信，只须我们用普遍的诸概念去摄取特殊的诸事件到它们属下，就可以得到合理的保证和指示了。创始那些现在已经到处被采用了的研究法的人们，在他们当时，却都被斥为真理的倾覆者和科学的仇敌。如果他们毕竟得了胜利，实由于如先前所讲过的，运用普遍概念的方法肯定了成见和容纳了那些未经证实而流行的诸观念；而着重个别事件鼓励辛苦的事实考察和原理检验。结局，向着日常事实的接近，实足以补偿永远真理的失落而有余。而在事实分类所用假说和法则的日益发展的系统，可以抵偿含有优越的不能移易的定义和种类的系统的丧失而有余。这样看来，毕竟我们不过是要在道德的省察中也采用那对于物理现象下判断时业已证明是妥当严密而有效的论理罢了。理由也是一样的。那些老方法虽在名义上和审美上是尊崇理性，却挫折了理性的锐气，因为它阻碍了细细的和不断的研究作业。

更确实地讲，把道德生活的内容，从遵守规则或追求固定目标转移到需要特殊治疗的病患的检查和处置方法和计划的规定，就可以除却道德学说互相争论并且不能与实际机缘保持有利接触的诸原因。固定目的学说势必把思想引到不能决定的争论的泥坑中

去。如果有一个至善、一个至高目的，那是什么？要考察这个问题就是将我们放在和两千年前一样剧烈的争辩里。假定我们采取一个好像是更经验的见解，说目的不止一个，也不是和需要改善的特殊情境那样多，但有许多像健康、富有、名望，或声誉、友爱、美的玩赏、学问等那样的自然善(natural goods)和像正义、节制、仁慈等那样的道德善(moral goods)。当这些目标互相冲突(因为它们必定冲突)的时候，什么东西或哪一个人去判定哪条是正路？我们将求助于曾以这样诽难加于伦理学的良心学(casuistry)吗？或将倚赖边沁(Bentham)所谓"子曰"(ipse dixit)式的论法：这个或那个人任意偏爱这件或那件事的准则？或必须把一切目的依次排列，从至高以至至低？我们又走进不能调和的争论里，摸不着出路。

需要智慧帮助解决的特殊的道德除了疑难也无从解决。我们不能一般的求得健康、富有、学问、公正或慈爱。行动总是特殊的、具体的、个别的、单独的。因而对于所应做的行为的判断也必然是特殊的。说一个人求健康或公正，只是说他要生活得康健和公正。这些事体和"真"一样，都是副词性的。它们是特殊行动的注疏者。怎样生活得康健和公正是人人不同的。因他过去的经验，他的机会，他的气质和短处，能力而相异。除了因某种特殊的无能而苦恼的特殊人，一般说没有人志在生活得康健，因此，他所需要的健康就不能和别人所需要的同样。康健的生活不是离开生活的其他方法而可以独自得到的。一个人既然要在他的生活里得到健康，不是要离开它而得到健康，而除却他的事业和活动的累积外，所谓生活又是什么意思？以健康为专一目标的人变成一个懦弱病夫，或一个狂热者，或一个体操演技者，或一个运动家，因他偏于一面，以至他为追求身体的发展反而伤了他的心脏。当他实现其所谓目的的那种努力不能与其他一切活动相调和、相融会时，生活就分为断条碎片。一定的行动和时间是专求健康的，其他是用作宗教的修养，又其他是用以讲求学问，预备做好的市民，和专攻美术等等，这就是把一切目的置于一个偏重一面的热狂主义的完成的论理上的唯一更替。这在现下已不合时了，但谁能说生活里有几多失望、几多虚耗和几多逼狭而残酷的境遇，是由于人们体会不到每一情境自有其独异的目的而全人格均须与它有所关涉的结果。的确，一个人所需要的是生活的健康，而其结果影响他的生活的一切活动既那样大，它就不能被认为一个单独的和独立的善。

然而健康、疾病、公正、艺术等一般概念是非常重要的，但这不是因为这个或那个事件尽可以安排在一个孤零的标目下，而它的特性都可以置于度外的缘故，而是因为一般化了的科学给做医师、艺术家和市民的人提供他应发的疑问，应作的考察，而使他了解他所见事物的意义。如果一个医师是精于医道的，他就会运用他的科学（无论怎样博大精微）去供应他诊察各个病症的用具，和拟定治疗方法的方法。无论他的学问多大，他如将各个病症归于疾病的若干分类和处治的若干常规底下，他就堕落寻常的机械水平去。他的智慧和他的行为变成呆板、武断，而不是自由的和灵活的。

道德的善和目的只在有什么事要做的时候才存在。有什么事要做这个事实证明在目前的情况下有缺陷或不幸。这个不幸即目前所遇特殊的不幸，它和别的任何东西都绝不相等。所以这个场合的善必须根据所欲处置的那个缺陷和困难去发现、规划和取得的。断不能以技巧从外面注进那情境里面去。但比较各种不同的场合，收集人类所遭到的不幸并概括相同的诸善而分为门类，乃是智慧的本分。健康、富有、勤勉、节制、可爱、有礼、学问、审美的才能、创造、企业、勇敢、忍耐、周到和其他许多已概括的目的，都是人所公认的善。但这个统括的价值是理智的或推求的。分类暗示着在特殊事件研究中所当留意的可能的特性，以及在排除不幸原因所当尝试的行动的方法。它们是洞察的用具，它们的价值在于促进个别情况中的个别反应。

道德不是行为的目录，也不是规则的集录，像药方或食谱那样备便应用的。道德的需要是对于考察和筹划的特殊方法的需要：所谓考察的方法是用以勘定困难和不幸，筹划的方法是用以作成方案作为处置困难和不幸的假设。个别化了的情境各有其无可交换的善和原理，而其论理的实用主义的含义则在于使学说不偏重一般概念而注意发展有效的考察方法的问题。

且就伦理学的两个重大的结果讲讲。固定价值的信念把目的分为内在的和工具的，即本身真正自有价值的和只值得做内在善的手段的两种。这个分别往往被看作智慧或道德辨别的初步。从辩证上看，这个分别是有趣的，似乎没有什么害处。但付诸实际时就会发生悲剧的结果。从历史上看它曾为理想的善和物质的善两者间牢不可破的一个差异的本源和佐证。如今那些自由思想者虽不把它看作纯宗教的或静观的，而把它看作具有美学性质的东西，但结果是一样的。所谓内在的善，无论是宗教的或美学的，都和日常生活的利益脱离了，这些利益，因为是永恒的和紧急的，成为大众的偏见。亚里士多德根据这个区别声称奴隶和工人阶级虽是国家——公益社会——所必需的，但不是国家的构成因素。那被看作只是工具的必然要接近贱役，不能博得知的、美的和道德的优遇和尊重。无论什么东西，一旦被认为欠缺内在的价值，就成为无价值的东西。于是有“理想”癖的人们多想不理它、躲避它。所谓“下等”目的的急切和紧迫都被斯文的惯例遮盖了。不然，就被贬到人类的下层去，俾那些少数人得以自由成全那本身自有价值的真善。这个在上等目的的名义下的退缩，把那些下等活动全权委给大多数人类，尤其是精壮的“实用的”大众。

我们的经济生活中所厌恶的唯物论和残酷，多是胚胎于经济的目的被认为是纯工具的，这分量是没有人能估计的。那些目的被认为和其他目的一样是内在的，而于地位则居于最后时，它们就可以理想化了。如果生活是有价值的，它们就必定得到理想的和内在的价值。美的、宗教的和其他“理想的”目的已和“工具的”或经济的目的分离了，所以现在已是轻微而薄弱，否则就变成无用而奢侈。只有和后者相结合才可以交织在日常生活的纤维里，而令其坚牢周密。徒为最后的而又不能用作手段以裨益生活的其他业务的价值只是虚谬，不负责任，是可以明白的了。但“上等”目的的义理现在对于那些孤立于社会以外而不负责任的学者、专家、美术家和宗教家，仍予以援助、慰藉和支持。它保障着他的职务的虚谬和不负责任，免为别人和他自己所识破。那职务的道德的缺陷反成了赞美和庆幸的原因。

其他的一般变化，就是把道德善（如美德）和自然善（如健康经济的安定，艺术、科学等类似东西）的传统的区别彻底废除。现在讨论中的那个见解并非痛恨这强硬的区别而力图除尽它的唯一的见解。有些学派甚至承认道德的美质、德性，所以有价值，只是因为它们促进自然善。但运用到道德去的实验的论理却按照各种性质对于现存弊病的救治有无贡献决定其善否。这样一来，它就扩大了自然科学的道德的意义。现今的社会的缺陷已经尽量地批判过了的时候，人们就会疑惑到那根本困难不在于自然科学和道德科学的离异。当物理学、化学、生物学、医学有助于具体的人类苦难的考察和救治计划的发展的时候，它们就是道德的，它们就是道德研究和道德科学的一套用具。后者就失却教诲的、炫学的特殊气味，即超道德的、劝诱的声调。它失却它的薄弱、轻脆和暗昧。它获得有效的经理者。但利益却不限于道德科学一方面。自然科学失去对于人道的离婚证，而自己变成人道性质的。它已不是用那所谓为真理而求真理的专门的特定的方法可以探究得到的，而是感到社会的效果和理智的需要去追求的。它只在供给社会的和道德的工程的技术这一点是专门的。

科学意识与人的价值意识完全结合起来时，现在压迫着人类的最大的二元论，即所谓物质的、机械的、科学的和道德的与理想的东西当中所存的裂缝，就化为乌有。因为这个分别，飘摇不定的人力就会团结起来，壮大起来。在各种目的未被认作因特殊需要和机会而各异的个别的事体的时期，人心会满足于抽象，而对于自然科学和历史资料的道德用途和社会用途的适当刺激也会缺少。但当集中注意各种具体事物的时候，必须使用一切要阐明特殊状态时应有的理智材料。道德既集中于理智，同时属于理智的事体也道德化了。自然主义和人道主义间恼人的废时失事的斗争也从此熄灭。

这些一般的考察可以再详细地讲讲。第一，研究和发见在道德中取得和它们尝在自然科学中所占的同样的地位。评价、证明、成为实验的、重大的事情。“理性”，在伦理学上永远是尊称的用语，在境遇的需要和条件，障碍和资源，和规定改良方案详细探究的各种方法内实现了。幽远而抽象的一般性助长过早的结论，“关于自然的预想”。人们叹息地认为恶果是自然的灾异、不幸的运命。但将论点移到分析特殊事情去，研究便成为分所应为的，敏捷的观察自亦无可规避。过去的决定和旧时的原理都不能完全赖以绳墨行动的进程。在一定场合树立一个目的，所费心力无论怎样大，总不是终局的，必定还要仔细留意改善其应用的结果，在结果尚未证实它是正当以前，目的只可作为未完成的一个假定。错误不复成为无可躲避的可悲的偶然事，或应赎应宥的道德罪孽，而是不当地运用智慧的方法的一个教训，和改善将来途径的一个教训。他们是修正，发展和整顿的一个指示。目的是会成长的，判断的标准是会上进的。人必须发展他的进展着的标准和理想，正如同他必须认真地利用他所已掌握着的那些。这样，道德生活就不至陷于形式主义和古板的因袭，而成为圆活、生动而日进无已。

其次，需要道德行动的各场合彼此均有同等的道德的重要性和迫切性。如果一个特殊情境的需要和缺欠说明健康的增进为其目的和善，那么在这个情境中，健康就是最终至上的善。它绝不是别种东西的手段。它是一个终极的和内在的价值。这在经济状态、生活法、实业、家政——一切在固定的诸目的的名下，已成了只有第二义的、工具的价值而被看作劣等和无关紧要的事物等等——也适用这个道理。无论什么事物在一个特定情境中既是一个目的和善，它就和其他任何情境的其他各善具有同等的身价、品位、尊严，因而值得同样周到的注意。

第三，我们应当注意把拘泥形式（Phariseeism）根除以后的结果。我们因惯于把这个看作故意的伪善，就往往忽略了它的知的前提。在眼前实在的情境中求行动的目的的那个见解是不会对于一切事件都用同一判断尺度的。当那情境的一个因素是一个有教养、有才学的人的时候，他的见解会比蠢钝而没有修养经验的人高得多。把文明人所用道德判断的标准适用于野蛮人，谁都晓得是悖理的。无论评判个人或集团都不可用他们是否得到一固定的结果为标准。只可根据他们的活动所指着的方向来评判。所谓坏人，无论他原来是怎样好，就是业已开始堕落而渐渐变成不好的一个人。所谓好人，无论他原来在道德上是怎样好，就是趋向改善的一个人。这样一个概念，令人严于律己而宽于待人。它抛掉了根据对于一定目的的接近程度而下判断的那种傲慢。

第四，生长、改善和进步的历程较之静的收成和结果更为重要。所谓“善”并不在于已被定为不易的目的的“健康”，而在于健康所须的进步——连续的进程。目的已不复为将要到达的终点或界限。它是改变现存情势的活动历程。生活的目标并不在于已被定为最后决胜点的“完全”，而在于成全、培养、进修的永远的历程。诚实、勤勉、节制、公道和健康、富有、学问一样，如果作为固定的目的看，虽似是可以占有的，实则并非可以占有的东西。它们是经验的性质所起变化的方向。只有生长自身才是道德的“目的”。

这个观念对于罪恶问题和对于乐观主义与悲观主义间的争论的意义虽是过于广泛，不能在这里详细讨论，但也可以大略涉猎一下。罪恶问题已不复成为神学的和形而上学的东西，而被视为减少、缓和以至于除去人生罪恶的实际问题。哲学已无须再负责设法证明罪恶只是外观的，不是实在的，或苦心拟定方案去否定它们，或更坏的去替它们辩护。它肩起别的责任，要竭力贡献方法，帮助我们揭发人间疾苦的原因。悲观主义是使人瘫痪的学说。它既宣布了世界是罪恶的大本营，认为发见特殊罪恶的救治策的一切努力都成为无用，从而把改善世界的一切企图都从根摧毁。整个乐观主义，企图否定罪恶而获得的结果，也同样是梦魇。

毕竟，认为现世界是一切世界中最善者的乐观主义可以说是悲观主义中的最谑者。如果这个可以作为最善的，那么根本的恶世界会成了怎样一个世界？改善论相信一时存在的特殊情势，无论其为好坏，是总可以改善的。它鼓励智慧去研究善的积极的手段和那些手段的实践的障碍，而致力于情势的改进。它引起乐观主义所不能引起的坚定的信念和合理的希望。因为后者声言善已在究极实在中实现了，遂致人们往往会涂饰具体存在的诸罪恶。它立刻成为生活安逸的人们和已得着现世酬报的人们的信条。乐观主义最易使信奉者不关心不幸人的痛苦，或动辄把别人的困难归根于他们本人的罪过。这样，乐观主义和悲观主义合作起来，在名义上虽绝不相同，而于麻痹同情的洞察和改革的努力是一致的。它从相对的和转变的世界召唤人们走向绝对的和永劫的静寂去。

道德的态度中的这些变化，其中许多变化的意义都集中在幸福的观念上头。幸福曾屡为道德家所轻蔑。但极端制欲的道德家也常在一个如“福祐”那样的别号底下保持着幸福的观念。无幸福的良善，无满足的勇气和德行，无意享用的目的——这些东西在概念上是自相矛盾的，而在实际上也一样是不能容纳的。幸福不只是可占有的,它不是一个固定的所得。如果是这样的,这个幸福就是道德家所严斥的自私,或纵然签作"福祐"也不过是一种无聊的怠惰,脱离了竞争和劳苦的太平盛世。它只能满足那些放荡的文弱书生。幸福只存于成功,而成功就是做事顺利,步步前进的意思。它是主动的进程,不是被动的成果。固此它包括障碍的克服,缺陷和毛病的除治。任何一种可贵的幸福都是以美的感觉和享乐为主要成分。但完全与精神的更新、心力的培养和情绪的净化脱离的美的鉴赏,是一个软弱多病的东西,因而必然死于饥饿。这个更新和培养是不自觉的,而非故意配定的,这只能使它更加纯正。

总之,功利主义是关于目的和善的学说从古至今的变迁中最占优势的。它有了相当的功绩。它力图脱去暧昧的一般性,而流为特殊的、具体的。它认为法则隶属于人类的功业,而不认为人类隶属于外面的法则。它说制度是为人而设,而人非为制度而设。它积极促进了一切改革。它使道德的善成为自然的、仁慈的、与人生的自然善相结合。而反对非地上的、非现世的道德。它的最大的功绩是把社会福利作为最高标准而扶植在人类的想象里。但它在根本的要点上仍受着旧思考法的深刻影响。它未尝思疑过固定的、终极的和最高的目的这个观念。它只疑惑当时流行的关于这个目的的性质的思想,于是把快乐的最大量放在固定目的的位置。

这样一个见解把具体的活动和特殊的兴味不看成是本身有价值或幸福的成分,只看成是获得快乐的外部手段。所以旧传统的支持者得以诽议功利主义,说它不独把美德而且把艺术、诗歌、宗教和国家也弄成获取感官享乐的柔顺的手段。快乐既是一个结果,既是无关于其活动进程而自有其价值的一种成效,幸福也是可得而占有的。夸大了人的获得本能,反埋没了那创造的本能。生产所以重要,不是因为发明和改造世界的本身的价值,而因其供应快乐的外部的成效。像树起固定的和终极的目标而使目的成为被动的、占有的各学说一样,它把一切主动的行为当作单纯的工具。劳力是一种不可避免的坏事,力求减少。获得安全实际上是首要的事体。物质的慰藉和安乐较之实验的创造的辛苦和危险更为可贵。

这些缺陷在某些可以料及的情形下也许只是理论的缺陷。但时代的趋势和功利说的传播者的情感却把它们弄成有害于社会的动力。这个新观念虽有抨击社会的旧弊害的力量,但仍包含着某些元素容许社会的新弊害。改革的热心表现在对封建的阶级制度传下的罪恶,即经济的、政治的、法律的罪恶的批评。然而代封建制度而起的资本主义的新经济秩序也带着它本身的社会的罪恶,功利主义却要掩饰或支持这些罪恶。重视享受的获得和占有,与现代人对于财富和财富所能得到的享受的无度的欲望结合起来,便涂上了一种不祥的色彩。

功利主义虽然没有积极助长新的经济的唯物论,但也没有抗拒它的武器。那以生产活动隶属于赤裸的产品的一般的精神,间接地有利于商业主义的发生。功利主义虽也着重纯社会的目的,但既主张财产只是通过自由竞争而获得而非靠政府的维护,就养成了一种新的阶级的利欲,资本主义的财产所有欲。边沁所主张的所谓安全那个观念,在废除财产的获得和转移的一定的法律弊病的条件下,是倾向于推重私有财产制的。幸哉占有者(Beati possidentes)——假定资产是依照优胜劣败的定律而占有——即无须政府的外来的援助。这样，功利主义就确实认许了这种倾向，以为“实业”是私人享乐资料的积蓄途径，而不是社会事奉的手段和个人的创造力的发展机会。功利主义的伦理学也就这样的提供了先前所已讲过的哲学改造所要求的一个卓著的例证。在某一限度内它反映着现代的思想和愿望的意义。但它仍受着它以为已经完全摆脱了的那个秩序的根本观念的束缚。超出人类各种各样需要和行动的那个固定的和独一的目的的观念使功利主义不能成为现代精神的适当的代表。它还要解脱它所继承的要素，再经一番改造。

以下且就教育略为讲讲，这只要说明道德的历程既然是经验进善的一个连续的行径，教育的历程和它是完全相同的。教育从来都被视为预备：就是学习，修得将来有用的一定的东西。目标是很远的，教育是先事准备，是关于日后会发生的更为重要的事体的发端。童年只是成年生活的预备，成年生活又是另一种生活的预备。教育总是着重将来而轻视现在：修得知识和技能以备将来应用，将来享乐，养成各种习惯以备日后经营事业，做好市民和研究科学的需要。教育又被视为一部分人所必需的东西，因为他们要倚赖别人。我们是生而无知、无能、不练达而未成熟的，因而居于社会的附属的状态。教授、练习和道德的训育是成熟者用以提拔未成熟者能够照管自己的境地去的诸途径。童年的要务是凭借成年的辅导长进到成年的自立。所以作为人生要务的教育历程当年轻人到达脱离了社会的附属状态的时候，就算完结。

只是笼统假定但从未辨识清楚的这两种观念和以经验的成长或连续的改造为唯一目的的那个思想是相反的。如果我们看一个人无论在什么时节都是依然成长着的，教育就不是对于将来的预备，所谓预备不过是一种副产。从现在取得其中本来具有的那一种类、那一程度的生长就是教育。这是一个永远不息的作用，是与年龄无关的。像定规的学校时期那样的特殊教育历程的最大意义，不过是使受教育者可以获得更进一步的教育，即对于成长的条件更为敏感，更能利用而已。技术的修得、知识的占有、教养的成就，不是终局：只是成长的记号，继续生长的方法。

通常假定教育时期是社会的倚赖时期，成年时期为社会的自立时期的那个对照，是有害的。我们常说，人是社会的动物，而把这句话的意义限在社会性最不明显的范围，即政治里面。人的社会性的心脏在于教育。以教育为预备和以成年为生长的一个固定限界是同一有害的非真理的两面。如果道德的要务在成年和在幼年都是经验的生长和发展，从社会的倚赖和社会的互相依存而得来的教训对于成年和对于幼年是一样重要的。成年的道德的独立即是生长的停止，孤立即是顽固。我们把幼年时期的理智的倚赖夸张过分了，于是把儿童常缚在拖带上，后来又把成年生活的独立看得太大了，于是又忽略了他们对别人的亲密的交往和接触。如果晓得了道德的历程和特殊的生长的历程实在是一体，幼童的更为有意识的和正式的教育可以用作发展和改造社会的最经济和最有效的手段。成年生活的一切制度的考验标准，就是那些制度在连续的教育推行中所生的效果，这也可以明白。政府、实业、艺术、宗教和一切社会制度都有一个意义，一个目的。那个目的就是解放和发展个人的能力（不问其种族、性别、阶级或经济状况如何）。换句话说，他们的价值标准就是他们教育各个人使他达到他的可

能性的极致的那个限界，也是一样。民主政治是有许多意义的，但如果它有一个道德的意义，那么这个意义在于“一切政治制度和实业组织的最高标准，应当对社会每个成员的完满生长有贡献”。

第八章　影响社会哲学的改造

哲学的变化怎样能够深刻地影响社会哲学呢？从根本上讲，各种见解和联系似乎都已提示过了。社会由个人合成，这个明显的和基本的事实，是无论怎样自命新颖的哲学也不能疑惑或变更的。从此就产生了三种见解：社会必须为个人而存在，或个人必须遵奉社会为它所设定的各种目的和生活方法，或社会和个人是相关的有机的，社会需要个人的效用和从属，而同时亦要为服务于个人而存在。这三个见解以外，在论理上似乎再想不出其他见解。而且，这三个典型虽各自包含着许多属类和派别，可是那些变化似乎都是陈陈相因的，除了若干小小差别，现在已再无可立异的余地。

其中似以"有机的"概念能应付对于极端个人主义和极端社会主义的一切异议，免除柏拉图和边沁两人的错误。正因为社会是个人所组成，个人和结合个人的共同关系似乎就必须是同等重要的。没有强而有为的个人，构成社会的绳索纽结就没有东西可以牵缠得住。离开了相互间的共同关系，个人就彼此隔离而凋残零落，或互相敌对而损害个人的发展。法律、国家、教会、家族、朋友、实业联合和其他制度组织都是个人生长和获得特殊能力和职务所必须的。没有它们的援助支持，人的生活只是，如霍布斯

(Hobbes)所说,粗野、孤陋和污浊。

我们直抵这问题的核心,且断定这纷纭不一的诸说有一个共同的缺点。它们的错误在于以一般的观念概括特殊的情境。我们所要明了的是个人的这个或那个集体,这个或那个具体的人,这个或那个特殊的制度和社会组织,而传统所接受的论理却以关于诸概念的意义和概念相互间的辩证的关系的讨论代替这种研究的论理。而那些讨论又是用"国家也者""个人也者"或普通所谓社会那样的制度的性质等字句演述出来的。

我们在解决家庭生活的特殊困难而要得到向导的时候,往往碰见关于"家族"的许多议论,或关于个人人格神圣论的许多主张。我们要晓得在一定时间、一定地点的某种条件下流行的私有财产制的价值,我们所得答案是普鲁东(Proudhon)所谓财产一般是窃盗,或黑格尔所谓意志的实现是一切制度的目的,而作为表示人格对于物的自然统御的私有权就是这种实现所必需的要素。这两个解答可能对于特定情境有某种暗示性。但这些思想不是因为它们对于特定的历史现象确有可取而提出来的。这些是一般的答案,认为有一个包括和统辖一切特殊事体的普遍意义。所以它们是无益于考察的。它们禁闭着它。它们不是解决具体的社会困难时应用和验证的工具。它们是放在特殊事体上面以决定它们的性质的现成原理。我们要晓得"某一"国家时,它们却告诉我们"国家也者"。而它们的意思是,关于"国家也者"所说的可以适用到我们偶然想要晓得的任何一个国家。

把论点从具体情况转移到定义和概念的演绎去,结果,尤其是有机体说,是做了替现成秩序作理智辩护的工具。最关心实际社

会的进步和团体的解放的人们都已对有机体说冷淡了。应用到社会哲学的德国唯心论的结果，纵然不是有意的，确抵抗着法国革命所掀起的急进思想的潮流，而筑起了用以支持当时的政治局势的一个堡垒。虽然黑格尔曾公开地主张过国家和制度的目的在于促进全民自由的实现，而其结果却把普鲁士的国家尊为神明，而把官僚的专制主义列作配享。这个辩护的倾向是偶然的呢，还是由所用诸概念的论理里面产生的呢？

当然是后一种情况。如果只管讲“国家也者”“个人也者”，而不顾这个或那个政治组织，和这个或那个穷乏困苦的人类的集体，那就是把魔术和权势，把附属于普通观念的意义和价值放在特殊的具体情境上面，遮盖了它的缺陷，隐蔽了迫切改革的需要。存在普通观念里面的诸意义被注进那些归附于它们的特殊事体去。我们如果为着了解和说明，一旦把特殊事件统括在呆板的普通观念底下而容许了那种论理，当然就是这样。

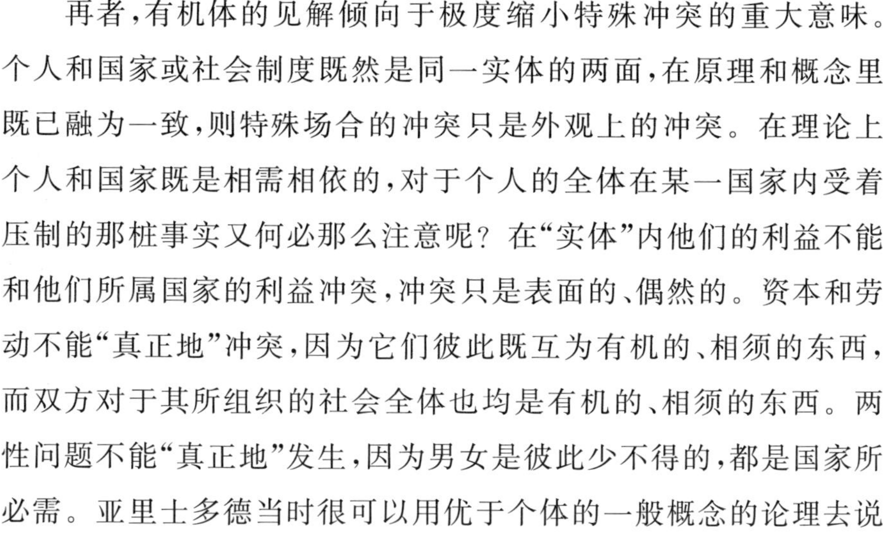

再者，有机体的见解倾向于极度缩小特殊冲突的重大意味。个人和国家或社会制度既然是同一实体的两面，在原理和概念里既已融为一致，则特殊场合的冲突只是外观上的冲突。在理论上个人和国家既是相需相依的，对于个人的全体在某一国家内受着压制的那桩事实又何必那么注意呢？在“实体”内他们的利益不能和他们所属国家的利益冲突，冲突只是表面的、偶然的。资本和劳动不能“真正地”冲突，因为它们彼此既互为有机的、相须的东西，而双方对于其所组织的社会全体也均是有机的、相须的东西。两性问题不能“真正地”发生，因为男女是彼此少不得的，都是国家所必需。亚里士多德当时很可以用优于个体的一般概念的论理去说明奴隶制度对于国家和对于奴隶阶级均有利益。纵使原意不是要去辩护现有秩序,结果是把注意力从特殊情境移开。合理的论理从前曾在自然哲学里弄得人们不关心具体事实的观察,它现在又抑制并阻碍着对特殊社会现象的观察。社会哲学家困守在他的观念界内,由阐明观念的关系以"解决"问题,而不供给人们在改革计划上可以应用和验证的诸假设以帮助人们谋具体问题的解决。

这样做,具体的纠纷和不幸自然仍旧留存着。它们是不能用魔术消灭的,因为在理论上社会是有机体。具体困难的境地急需要设定实验的试行方案的理智方法的帮助,但智慧却在这里失了作用。在这个特殊具体的境地人们被投往粗恶的经验主义,近视的机会主义和暴力斗争。在理论里特殊事件都已巧妙地安排起来,它们都归到适当的纲目范畴底下。它们被标好了签,插进一个秩序整然的标明自然科学或社会科学的档柜的架上去。但在经验的事实里,它们是和以前一样的纷繁、混乱而无组织。处理这些事情时并不是用科学的方法,只是靠盲目的猜度,前例的引证,目前利益的计较,苟且敷衍,强制力的行使和个人野心的冲动。然而世界尚存,它总要向前做去,这是不容否认的。尝试的和错误的法以及利己的竞争也曾博得许多改进。但社会学说仍被看作无谓的奢侈品,不是研究和计划的指导方法。是以哲学改造的真正端倪,与其说是关于制度、个人、国家、自由、法律、秩序等一般概念的精练,毋宁说是关于特殊情况的改造的方法的问题。

且就个人的自我观念考察一下。十八至十九世纪的英法个人主义学派,从它的意向看来是经验的。从哲学的见地说,它把个人主义建立在唯有个人是真实的,而阶级和组织是次要的和支派的那一信念上。阶级和组织是人为的，个人是自然的。怎能说个人主义是可以受先前所述那种批评呢？说它的缺陷在于这学派忽略了个人对别人的关系（是各个人的构造的一部），是不错的。但不幸这一说仍不能超脱对于被批评过的诸制度的整批的辩护以外。

真正的困难却在于个人被视为“已有”的东西，目前现存的东西。因此他就只能做一个享受者，它的快乐要人替他扩大，他的资产要人替他增殖。个人既被看作已有的东西，则凡可以向他做的，或为他做的任何事体，只能从外界的刺激和享用，即痛苦快乐的感觉和舒适安全这条路做去。既然社会组织、法律、制度是为人而设，人不是为它们而设，这是真的，它们就是人类的幸福和进步的手段和工具。但它们却不是为个人获取什么东西的手段，甚至不是获取幸福的手段，而是创造个人的手段。只在官能上各自分离的那些物体的物质感触里，个性才是一个根本的与件。在社会的和道德的意义里，个性是要被造出来的。个性是指创造性、发明性、富于策略，信念取舍和行为选择的责任所在。这些都不是天赋，乃是成就。既属成就，它们就不是绝对的，而是与它们的用途相对的。而这个用途则随环境而变异。

这个概念的意义在利己思想的荣枯的考察里可以寻绎出来。经验派学者都着重这个思想。它是人类唯一的动机。美德是由使善行利于个人而修得的，社会组织应该加以改善使利己思虑和利他思虑取得一致。反对派道德学家亦毫不迟疑地指出把道德和政治看成是计较私利的手段的学说是罪恶的。于是他们竟把利益的整个观念作为有害于道德而全然抛弃了。这个反作用的结果助长了权势和政治的蒙昧主义。利益的作弄被消除了的时候，所余的还有什么？还有什么具体的动力可以起来代它？看成是自我把现成东西，把自我利益看成是快乐和赢利的获得的人们，取得了可以恢复法律、正义、权力、自由等抽象概念——貌似严正而仍可被灵敏的政治家所运用以掩饰其狡谋并以恶事假做善事的一切暧昧的概念——的论理的最有效的手段。利益是特殊的、动的，是任何具体的社会思想的自然条件。但它们和小小的私心结合了，便不可救药了。只有自我是在进程中，而利益是推动自我运动的事物的一个名字时，它们才可以用作生气蓬勃的条件。

同一论理可以适用到“改革应自个人始抑应自制度始”的那个多年的争论上去。当自我被认为本身是完美的时候，只有内面的道德的变化在一般的改革上是重要的，这很容易引起争论。制度上的变化不过是外面的。它们可以增加人生的舒适和便利，但不能影响道德的长进。结果是把社会改造的重任放在绝不可能的自由意志的肩上。加之，人所受到的鼓励是对社会和经济抱被动的态度。个人的注意力萃集于对自己的是非善恶的道德的反省，而忽视环境的性质。道德回避了经济的政治的繁琐条件。让我们完成我们自己吧，到那时社会自然会起变化，就是它的教训。于是贤智孜孜于反省，而大盗横行于天下。然而当自我是一个能动的历程时，社会的变革成为创造人格的唯一手段，也就可以明白。制度的良否视乎它的教育的效果——即它所养成的个人的性格。个人的道德的进步的利益和经济的政治的条件的客观的改革的利益合为一体。关于社会组织的意义的研究取得了正标和方向。我们从而寻问什么可做特殊社会组织的特殊刺激力、抚育和教育力。政治和道德间的多年的裂痕从此也消灭净尽。

因此，我们也不能满意于社会和国家对个人是有机的那种笼统的说法。这是一个特殊的因果关系的问题。这个社会组织，政治的或经济的，发生了什么作用，它对于参加在里面的人们的气质发生了什么影响？它解放了人们的能力吗？如果解放了，范围怎样？是否只在少数人中间开展，大多数人还受着压迫，是广泛而平等地开展呢？那解放了的能力是否仍受着一致的指导而成为一个势力，或者它的显现只是旋作旋辍反复无常的？感应既是无限驳杂的，这些研究必定也很琐碎、很特别。人们的感觉是被社会组织的这个和那个形态弄成更锐敏、更精细呢？还是更迟钝、更糊涂呢？他们的心是否受了训练，以致他们的手也更加灵巧。求知欲是觉醒了，还是被顿挫了？它的品质是什么：只是关于事物的形式和表面的审美的东西呢，还是对于事物的意义也是一个理知的探究者呢？像这样的问题（以及关于传统上名为道德的诸性质的更显著的问题）在个性被认为不是原来的而是在共同生活的影响下创造出来的时候，就成为研究那社会的一切制度的出发点。和功利主义一样。它的理论不断地考察和批评组织的各种形式。但它却不引领我们去查问它对于现存个人带来了些什么痛苦和快乐，而引领我们去寻究它在解放特殊的能力，和配置它们俾成动作的力量做了些什么。所造就的是什么样的个人？

关于社会事件的讨论，为了脱出概念的一般性范围所空费的心力是惊人的。如果在研究呼吸问题的时候，所谓讨论只限于器官和机体的概念的抛引，生物学家和医生会有什么进步。例如某一学派以为要了解呼吸，只须坚持呼吸是在个体内，所以是个人的现象那事实，而反对派却力持它只不过是与别的机能有有机的交互作用中的一个机能，所以只有和那些同在一般常态的其他机能参照比对着去研究，才能了解。两说是同等的真确，也是同等的无关紧要。要紧的是对于许多特殊机构和交互作用的特殊研究。严肃地强调个人的全体和有机的全体或社会的全体等范畴，不仅不能促进准确的和周详的研究，反而会阻碍它们。它把思想停滞在夸大铺张的一般性内，以致论争无可逃避，亦不能解决。如果细胞彼此没有活泼的交互作用，它们就不能相争，也不能合作，这是不错的。然而"有机的"社会集团的存在那事实并不解答什么问题，却只标示问题存在的这事实，即只标示什么斗争和合作发生了，什么是它们的特殊原因和结果。但因为社会哲学仍然固执着已从自然哲学排除出去的观念秩序，就是社会学家也把斗争和合作作为建立他们的科学的一般范畴，而其所以俯就经验的事实却只为着例证。通常他们的主要"问题"是纯辩证的，盖着经验的人类学和历史的引证的厚棉被。个人怎样结合而成社会？个人怎样被社会统御着？而那命题所以叫做辩证的，实因为它是由来于"个人的"和"社会的"那个先行概念。

"个人"非指一物而言，而是一个浑括的名词，代表那些在共同生活影响下产生和固定的各种各样的人性的特殊反应、习惯、气质和能力。"社会"这个字也是一样。"社会"是一个字，而是无定的许多东西。它包括人们由合群而共同享受经验和建立共同利益和目的的一切方式，如流氓群、强盗帮、徒党、社团、职工组合、股份公司、村落、国际同盟等。而新方法的效力在于拿这些特殊的、可变的、相对的事实（与命题和目的的相对，非形而上的相对）的研究去替换一般概念的矜持摆弄。

十分奇怪，关于国家的现行的概念正是一个例证。在教会政治的秩序内布置着的固定族类的古代秩序的直接影响，是十九世纪德国政治哲学企图列举一定数量的各有其本质的和不易的意义的诸制度，并将它们排成与各种意义的品位和等级相当的一个“进化”次序。“民族的国家”被放在顶上作为一切其他制度的完成、极致和基础。

黑格尔是这个工作的一个著例，但不止是他一个。曾和他力争过的许多人，其实也不过在那“进化”的细目上，或在那作为本质的概念而赋予所列举的制度之一的特殊意义上与他有别。论争之所以激烈，正因为所据的前提相同。许多学派，即使关于方法和结论还有更大的差别，也同意于国家的最后完成的地位。他们不必走到像黑格尔那样远，把历史的唯一的意义作为“民族的地域的国家”的进化，后起的国家所含“国家”的本质的意义比先前的形态所含的更多，所以代它兴起，直到历史发展凯旋奏捷而得见“普鲁士国家”的建立。但他们并不疑及社会的阶级制度里的“国家”的统一的和最高的地位。实则那概念已在主权的尊号下硬化成不能过问的信条。

近代地域的民族的国家所扮演的角色确是非常重要。这些国家的成立曾为近代政治史的中心。法兰西、大不列颠、西班牙是最先达到国家组织的民族。但在十九世纪除了希腊、塞尔维亚、保加利亚等小国不讲，日本、德意志和意大利又跟踪奋起。大家都晓得最近的世界大战的最重要的一面是完成国民运动的斗争，结果是波希米亚、波兰等得了独立，而阿美尼亚（Armenia）和巴勒斯坦（Palestine）等也上升到候补的等级。

国家权力对其他组织形态的斗争是控制小地域、省、县、诸王封邑的势力，抑遏封建诸侯势力的伸张，并在若干国内是抵抗教会掌权者的僭越。最近几世纪，社会的统一和巩固的大运动在进行，由于蒸汽和电气的集中和结合而大大加速了，国家就是这种运动的明显高峰。当然，而且不可避免地，自然政治学研究者早已注意到这个历史的巨大现象，而他们的理智的活动也已指向这现象的系统的组织。因为近来的进步运动是建立统一的国家反对社会的小单位的惰性和反对争夺权势的野心，所以政治学说发展了关于民族的国家主权对内对外的信条。

但统一和巩固的事业达到了它的顶点，人们总会疑惑那一旦巩固并且不再抵抗强敌的民族国家，是否就刚好是促进和保护其他更为自由的结合形式的一个工具，而本身不是最高的一个目的。有两个现象可以指出是支持着肯定的答案的。其一是国家的更广大、更概括、更统一的组织在发展，跟着个人也从习惯和阶级情势过去所加的制限和羁束中解放出来。然而从外面的、强加的束缚解放出来的个人并没有孤立。社会的诸分子立刻在新的集合和组织里面重行聚拢来。强制的集合转为自由的集合，严梗的组织转为听从人的选择和意向的组织——可以直接随意改变的组织。从一方面看，像是向着个人主义的一个运动，实际上是向着无限繁杂的结合的一个运动政党、产业联合、科学的和艺术的组织、同业组合、教会、学校、无数的俱乐部和社团，以培植可想象的人所共有的各种利益。它们的数量愈增加，关系愈重大，国家则愈成为它们的节制者和调护者，限定它们的活动，预防和调解它们的冲突。

国家的至上权近似管弦乐队指挥者的那个，他不奏乐，但他调和那些在演奏中各自做其本来值得做的事情的人们的活动。国家依然重要——但它的重要逐渐蕴蓄于培养和调护自由结合的活动的力量里面。只在名义上它在现代社会里是其他诸社会组织所为而存在的目的。增进人所共有的种种善的团体才成为真正的社会单位。它们占着传统的学说曾为孤立的个人或最高的和独一的政治组织而要求过的地位。多元论在现行政治的实践中已很适合，它要求对等级制的和一元的学说进行修正。凡把本身价值贡奉于人生的人力的结合就因此具有本身独一至上的价值。它不能被贬为为国家争光的手段。战争所以增加败德是因为它强迫国家走入一个变态的特权地位。

另外一个具体的事实是地域的国家的独立主权的主张和国际的利益或超国家的利益的增长的对立。现代国家的忧乐是彼此相通的。一国的衰弱纷乱、治理不当、主义错误，不限于它的国境以内，而且传布感染其他国家。在经济的、艺术的、科学的发展上也是一样。而且刚才所说的自由结合和政治的境域不是一致的。数学家、化学家、天文学家的结合，实业团体、劳动组织和教会都是超国家的，因为它们所代表的利益是全世界性的。在像这样的方式里国际主义不是愿望而是事实，不是妄想而是力量。然而这些利益竟被排外的国家主权的传统的信条所分割、所拆散。只有国际精神与今日的劳动、商业、科学、艺术和宗教的原动力能够一致，而最阻碍这种精神形成的，就是这种道理或信条的流行。

已经说过社会是许多的结合，不是单一的组织。社会意即结合，即在共同的交往和行动里合成一气，以便更好地实现因共同参与而扩大和强固的经验形式。因此有多少因互相关连互相传布而增加的善，就有多少结合。而这些东西在实际上是无量数的。禁得起公开和传布的能力，就是决定其所谓善的真伪的佐证或标准。道德家常坚持着善是普遍的、客观的，不是私自的、特殊的。但他们往往如柏拉图满意于形而上的普遍性，或如康德满意于论理的普遍性。交往、共享、协同参与是道德的法则和目的的普遍化的唯一途径。我们在前一讲已说过，一切内在的善各自有其独特的性质。但与这个命题相对的命题是，有意行善的境地不是霎时的感觉或一己的私欲的境地，而是共享和交往的，即公共的、社会的境地。虽隐者亦与神灵冥会，虽处患难者亦爱同伴，虽极端利己者亦有党与同帮以共其所谓善。普遍化就是社会化，就是共享善的人们的范围和分布区域的扩大。

善是由于交往而存在而持久，结合是共享的手段，这些意义已日益得人信受，是潜伏在人道主义和民主主义的现代情感背后的一种事实。它是利他主义和慈善的保健剂，没有这个要素，它们就陷入道德的退让和道德的干涉，戴着行善济人的假面，或授人以应得权利而当作施惠的假面，去照管人家的事体。由此可见，组织绝不是以自己为目的的，而是促进结合、增益人们相接触的有效点和指导他们的交际俾获最大善果的一个手段。

把组织本身当作组织的目的的那个倾向，引起了一些夸大其词的学说，在这些学说中，某种制度得到社会的尊号，个人作为它的从属。所谓社会，就是使经验、观念、情绪、价值得以互相传授，而致彼此共同的结合的进程。对于这个积极的进程，个人和制度真正地都可说是从属。个人是从属，因为除了在经验中和凭借经验而与别人互相交往以外，他免不了是哑的、纯感觉的、一只残暴的野兽。他只在与人结伴中成为经验的自觉的中心。组织即传统的学说所称为社会或国家的那个组织，也是从属，因为它若非用以便利和增益人类的相互接触，随时都可变成静的、呆板的、机关化的。

权利和义务，法律和自由的长期的争辩，就是以个人和社会为固定概念而产生的敌对的另一面。所谓个人的自由就是发展，就是在必须变时立刻就变。

个人的自由表示一个积极的进程，即能力从障碍脱出的那个进程。但是既然社会只能在新资源任其自由处置时遂其发展，则以为自由对于个人有积极意义而于社会利益则为消极意义的那个想法是悖理的。只有在社会全体成员都能尽量发挥他们的能力时，社会对于变故才是强有力而坚定的。这样的能力发挥，如果不允许实验超脱既成习惯的限界以外，是做不到的。若干混乱参差可能会跟着自由余地的这个认可而产生。然而社会上，科学上所重的不是避免错误，而是使他们能在被利用以增进将来的智慧的条件下发生。

如果英国自由派社会哲学忠于原子论的经验论的精神而把自由和权利的行使作为本身的目的，救治的方法却不是求助于德国政治思想所特有的固定的义务和权威的法律哲学。后者，如事实所证明，因为它对于别的社会团体的自由自决隐含着一种威胁，是很危险的。但它被交付到最后的检验时，内部又很虚弱。它既敌视个人用自由实验和选择权力，决定社会的事件，它就钳制着大多数的个人参与社会活动的能力，因而从社会剥去它的一切成员的全部贡献。集体的能率和力量的最好的保证是解放和利用创意、设计、先见、气力和坚忍中所存个人的种种能力。人格是必须教育的，但把它的活动限于技术的和专门的事体里，或限于人生的无关紧要的关系里，人格就不能教育了。圆满的教育，只有在人们能按能力参与所属社会团体的目的和政策的决定时，才始可能。这个事实确立了民主主义的意义。它既不能被看作宗派的或种族的事情，也不能被看作已达到宪法的裁可的某种政体的推崇。它不过是事实的一个名词，用以表示只有在人性的诸因素参与管理公共事物，和男男女女为此而结成家族、商行、政府、教会和科学团体的诸事物时，人性方得遂其发展。这个原理适用于其他组合，如工业、商业，与适用于政府是同样的。认为民主主义与政治的民主主义是一件事，是民主主义大多数失败的原因，这种错误根源是把个人和国家自身认为是现成物的观念。

到了新观念在社会生活里得到妥当的表现的时候，它们就被吸收在道德的背景里，同时那些观念和信念自身也要深刻化，并于无意中被传播扶植起来。它们绚染想象，调谐欲望和情感。它们不会成为要诠释、要推详、要论辩维护的一套观念，而成为应付生活的一条自然的途径。于是它们就带有宗教的价值。宗教的精神，因为它可以和人们的无可思疑的科学的信念以及日常的社会的活动相调和，将要复活起来。它无须再度那种怯懦的、半瞒半咎的生活，因为它和那些不断受着吞噬和毁坏的科学的思想，社会的信条相紧结。尤其是，那些观念和信念本身将愈深刻而强固，因为它们受着情绪所濡染，被翻成想象的直观和艺术，而于现在则靠多少自觉的努力，审慎的反省和辛勤的思索来维持。它们是技术的、抽象的，只因为它们还没有被想象和感情引为当然的事。

我们在开讲时已指出，欧洲的哲学发生于理智的方法和科学的结果脱离了那些巩固和包含自然欲望和想象的果实的社会传统的时候。并指出哲学后来就丢不了那干枯薄弱的科学的见解与长存的温醇丰厚的想象的信念相调剂的问题。可能、进步、自由运动和无限繁杂的机会等概念已由近代科学指点出来。但在这些概念没有那不变的、始终有秩序、有组织的事物的遗产从想象中排除出去的时候，机械论和物质的观念仍然是像死尸一样压在情绪上面，麻痹着宗教，枉屈着艺术。当能力的解放不复对于组织和既成制度像是一种威胁（实际上虽属不能避免而对于过去的最宝贵的价值的保存却仍是威胁着的一种东西），而成了一个社会的创造力而作用着的时候，艺术不会是奢侈品，或与日常生计无关的附赘，经济上所谓谋生将与谋求值得活的生活同为一义。当交换意见、共同生活和共同经验的情绪的力量，或可说神秘的力量，自然而然地被感觉出来的时候，现代生活的残忍粗鄙将被沉浸于从未照临过这个世界的光明里。

诗歌、艺术、宗教是宝贵的东西。徒彷徨于过去，并妄想恢复科学、工业和政治中的事变的运动所已摧毁的，是不能维系它们的。它们是千千万万的日常变故和遭遇的结果，无意中被凑成想象的一个趋向的思想和愿望的花朵。它们是虽想也想不到，虽强也强不来的。精神的风想吹到哪儿，就吹到哪儿，这些东西（即诗歌等。——译者）的天国不是由观察而来的。已经失去信用的宗教和艺术的旧泉源虽不能由详审的选择而保存恢复，但将来的宗教和艺术的源头却可以促其发展。当然不是靠直接求产生这些来源的行动，而是靠信仰现代的能动的趋势而不惧怕和嫌恶那种趋势,并靠那敢于追踪社会的和科学的变化所指示给我们的那条路径的智慧的勇气。我们如今在理想方面是无力,因为智慧已与愿望分离。环境强迫我们在日常的信念和行动中前进,但我们的更深刻的思考和愿望却转而退后。哲学与事理相协合,并把日常生活的意义弄明白并加以凝结的时候,科学和情绪将互相渗透,实际和想象将互相拥抱。诗歌和宗教的感情将成为生活中不待催促而自然开放的鲜花。而现在过渡期中的哲学的任务和问题,即在于加强阐释和披露关于事变的当前的趋向所指示的意义。

图书在版编目(CIP)数据

哲学的改造/(美)杜威著;许崇清译.—北京:商务印书馆,2017
(汉译世界学术名著丛书:120年纪念版:珍藏本)
ISBN 978-7-100-14799-6

Ⅰ.①哲… Ⅱ.①杜… ②许… Ⅲ.①哲学理论—美国—现代 Ⅳ.①B712.51

中国版本图书馆CIP数据核字(2017)第158492号

汉译世界学术名著丛书
(120年纪念版·珍藏本)
哲学的改造
〔美〕杜 威 著
许崇清 译

商 务 印 书 馆 出 版
(北京王府井大街36号 邮政编码100710)
商 务 印 书 馆 发 行
北京市松源印刷有限公司印刷
ISBN 978-7-100-14799-6

2017年12月第1版 开本710×1000 1/16
2017年12月北京第1次印刷 印张8¼
定价:42.00元